2022年度教育部人文社会科学研究一般项目（22YJA890012）：具身认知视阈下学校体育课程思政实践机制优化研究

学校体育课程思政研究
——基于具身认知理论

刘　留　著

·南京·

内容提要

本书围绕学校体育与课程思政的基础理论,我国学校体育课程思政的历史回顾与当代价值,我国学校体育课程思政的理论基础,我国学校体育课程思政的实证研究以及我国学校体育课程思政的发展研究等五个主题展开,对学校体育课程思政建设的若干问题进行了深入分析和探讨。

本书具有一定的应用价值,可供体育教师阅读或体育教育研究者参考。

图书在版编目(CIP)数据

学校体育课程思政研究:基于具身认知理论 / 刘留著. -- 南京:东南大学出版社,2025.5. -- ISBN 978-7-5766-2051-1

Ⅰ.G641

中国国家版本馆 CIP 数据核字第 2025Y9D684 号

责任编辑:张绍来　责任校对:张万莹　封面设计:毕　真　责任印制:周荣虎

学校体育课程思政研究——基于具身认知理论
Xuexiao Tiyu Kecheng Sizheng Yanjiu —— Jiyu Jushen Renzhi Lilun

著　　者	刘　留
出版发行	东南大学出版社
社　　址	南京市四牌楼 2 号　邮编:210096
出 版 人	白云飞
网　　址	http://www.seupress.com
经　　销	全国各地新华书店
印　　刷	广东虎彩云印刷有限公司
开　　本	710 mm×1000 mm　1/16
印　　张	11.5
字　　数	250 千字
版　　次	2025 年 5 月第 1 版
印　　次	2025 年 5 月第 1 次印刷
书　　号	ISBN 978-7-5766-2051-1
定　　价	35.00 元

本社图书若有印装质量问题,请直接与营销部联系。电话(传真):025-83791830

前　　言

本书旨在从具身认知理论视阈探讨我国学校体育课程思政建设的若干问题。全书由学校体育与课程思政的基础理论、我国学校体育课程思政的历史回顾与当代价值、我国学校体育课程思政的理论基础、我国学校体育课程思政的实证研究以及我国学校体育课程思政的发展研究等五个部分组成。

第一部分主要阐释学校体育、道德教育以及课程思政的相关概念，学校体育课程思政的学科特性以及教育原则。第二部分梳理了我国学校体育课程思政的历史发展，包括1840年鸦片战争至1911年辛亥革命时期、1911年辛亥革命至1949年新中国成立时期、1949年新中国成立至1976年"文革"结束时期、改革开放探索时期等四个历史阶段，并且对学校体育课程思政的当代价值进行了分析。第三部分主要通过探讨马克思主义人学理论、中国传统育人育体思想、当代西方具身认知理论等，进一步明确学校体育课程思政的理论根基。第四部分对我国部分学校体育开展现状进行实证研究，构建了学校体育课程思政评价指标体系，并且从具身认知理论视阈对学校体育课程思政建设困境及解决路径进行了深入分析。第五部分主要从体育课程思政理论基础的发展、体育课程思政方法手段的创新、体育课程思政教学资源的整合等三个方面对我国学校体育课程思政的发展趋势进行探讨，为未来体育课程思政建设提供一些启示。

刘 留

盐城师范学院

2025年1月

目　　录

第一章　学校体育与课程思政的基础理论 ………………………… 1
　第一节　学校体育与课程思政相关概念辨析 ………………………… 1
　　一、学校体育的基本概念 ……………………………………………… 1
　　二、道德教育与课程思政 ……………………………………………… 4
　第二节　学校体育课程思政的学科特性与教育原则 ………………… 12
　　一、学校体育课程思政的学科特性 …………………………………… 12
　　二、学校体育课程思政的教育原则 …………………………………… 15

第二章　我国学校体育课程思政的历史回顾与当代价值 …………… 19
　第一节　学校体育课程思政的历史回顾 ……………………………… 20
　　一、1840年鸦片战争至1911年辛亥革命时期 ……………………… 20
　　二、1911年辛亥革命至1949年新中国成立时期 …………………… 22
　　三、1949年新中国成立至1976年"文革"结束时期 ………………… 24
　　四、改革开放探索时期 ………………………………………………… 29
　第二节　学校体育课程思政的当代价值 ……………………………… 34
　　一、课程思政的当代价值 ……………………………………………… 34
　　二、学校体育课程思政的当代价值 …………………………………… 36

第三章　我国学校体育课程思政的理论基础 ………………………… 43
　第一节　马克思主义人学理论 ………………………………………… 43
　　一、马克思关于人的本质理论 ………………………………………… 44
　　二、马克思关于人的需要理论 ………………………………………… 45
　　三、马克思关于人的全面发展理论 …………………………………… 46
　第二节　中国传统育人育体思想 ……………………………………… 50
　　一、"六艺"的教育思想 ……………………………………………… 51
　　二、重文轻武与重武轻文 ……………………………………………… 52

三、"德智体"三育并重 …………………………………… 53
 第三节 当代西方具身认知理论 ………………………………… 56
  一、具身认知的哲学基础 …………………………………… 56
  二、具身认知的基本主张 …………………………………… 62
  三、具身道德的实证研究 …………………………………… 68

第四章 我国学校体育课程思政的实证研究 …………………… 73
 第一节 学校体育课程思政的研究现状 ……………………… 73
  一、课程思政相关研究 ……………………………………… 73
  二、学校体育课程思政相关研究 …………………………… 80
 第二节 学校体育课程思政的现状调查 ……………………… 87
  一、学校体育课程思政调查指标体系的构建 ……………… 87
  二、学校体育课程思政实施现状的调查结果 ……………… 99
 第三节 学校体育课程思政的具身困境 ……………………… 117
  一、中小学体育课程思政的具身困境 ……………………… 117
  二、高校体育课程思政的具身困境 ………………………… 121
 第四节 学校体育课程思政的具身路径 ……………………… 123
  一、学校体育课程思政教育的基本规律 …………………… 123
  二、学校体育课程思政教育的具身维度 …………………… 127

第五章 我国学校体育课程思政的发展研究 …………………… 133
 第一节 体育课程思政理论基础的发展 ……………………… 133
  一、生命教育理论 …………………………………………… 133
  二、全人教育理论 …………………………………………… 140
 第二节 体育课程思政方法手段的创新 ……………………… 146
  一、数字化教学 ……………………………………………… 146
  二、个性化教学 ……………………………………………… 149
  三、项目化教学 ……………………………………………… 151
  四、跨学科教学 ……………………………………………… 156
 第三节 体育课程思政教学资源的整合 ……………………… 161
  一、数字技术的支持 ………………………………………… 161
  二、社会力量的协同 ………………………………………… 169
  三、体育师资的优化 ………………………………………… 171

参考文献 ……………………………………………………………… 176

第一章

学校体育与课程思政的基础理论

"百年大计,教育为本"。在我国现阶段,教育作为国家发展的基石,是全面建成社会主义现代化强国的重要保障,决定着国家的未来。随着我国社会经济的不断发展,网络传媒的广泛普及,信息的传播速度加快了,国与国之间的文化交流加深了,在这种环境下,多元化的价值取向也自然而然地发展起来。虽说多元化的价值取向给了人们更多、更自由的选择,使社会变得更加丰富多彩,但是,对于涉世未深的学生群体来说,他们比以往年代的学生将面临更多、更复杂的思想上和心理上的考验,其思想政治教育问题也得到了政府、社会和学校的广泛关注。2012年11月,中国共产党第十八次全国代表大会首次提出"把立德树人作为教育的根本任务"。立德树人的意思是培养有品德的人才。立德,就是坚持德育为先,通过正面教育来引导人、感化人、激励人;树人,就是坚持以人为本,通过合适的教育来塑造人、改变人、发展人。学校体育作为学校教育重要的组成部分,具有不可替代的教学价值,蕴含着丰富的育人元素,有助于培养学生的良好品德,是实现"立德树人"根本任务的重要载体。当然,在面对社会迅速发展、科学技术日新月异、个体价值观呈现多元化发展的现实环境下,学校体育的内涵及其教育功能都发生了新的变化。

第一节 学校体育与课程思政相关概念辨析

一、学校体育的基本概念

(一)学校体育的内涵解读

在我国现阶段,被各个领域广泛使用的"体育"一词属于外来词,因此在认识

"学校体育"概念之前,应该先了解一下人们对"体育"的不同解读。"体育"一词首次出现的时间,学界有 1760 年和 1762 年两种观点。多数学者认同"体育"首现于 1762 年的《爱弥儿》,但也有学者指出"体育"一词首现于 1760 年法国的报刊文章中。从影响度来说,卢梭著作中的"体育"一词更广为人知。卢梭用"体育"这个词论述了对爱弥儿的身体教育过程。后来,德国、英国等国纷纷翻译沿用,并逐步在世界各国流传开来,如被人们所熟知的英文"physical education"便由此而来。从其词根来看,"体育"一词产生自"教育(education)"一词,意指教育体系中的一个专门领域。到 19 世纪,世界上教育发达国家都普遍使用了"体育"一词。随后,德国、丹麦、瑞典等体育研究者著书立说,形成了比较完整的体操训练体系。到 19 世纪中叶,在洋务运动的影响下,德国和瑞典的体操传入我国清政府兴办的"洋学堂"。而在此时期,大量从日本留学回国的学生也带来了"体育"这一术语。1897 年,中国的文字资料中开始出现"体育"的字眼,当时上海大同译书局出版的康有为《日本书目志》中提到了"体育"。1905 年,在《湖南蒙养院教课说略》上也提到:"体育功夫,体操发达其表,乐歌发达其里。"随着学校的体育教学内容从单一的体操向多样化的运动项目不断发展,我国于 1923 年在《中小学课程纲要草案》中正式把"体操科"改为"体育课"。随后,"体育"一词在中国逐渐流行起来。

当然,随着社会的进步和体育事业的不断发展,"体育"一词已超出原有的"身体教育"内涵,将体育文化、竞技体育、群众体育等都囊括在内,被赋予了新的时代内涵。对于"体育"的含义,比较一致的解释为"体育是以身体活动为媒介,以谋求个体身心健康、全面发展为直接目的,并以培养完善的社会公民为终极目标的一种社会文化现象或教育过程"。它分为广义和狭义,广义的体育,主要指体育运动,其中包括了体育教育、竞技运动和身体锻炼三个方面。狭义的体育,主要指体育教育。这种定义既说明了它的本质属性,又指出了它的归属范畴,同时也把自身从与其邻近或相似的社会现象中区别开来。体育的概念并非一成不变的,随着社会的发展和进步,对体育的认识也将有所发展。但可以肯定的是,体育作为有目的的对象化活动,作为长期演变而形成的社会文化现象,是人类不可缺少的社会活动。体育以人体发展规律为依据,以身体和智力为载体,在增强体质、提高生活质量、实现人的全面发展等方面起着至关重要的作用。

那么,由"体育"衍生而来的"学校体育"一词,必然与体育有着千丝万缕的联系。一般认为按照体育活动发生的不同空间场域,体育可以划分为学校体育、社会体育和竞技体育。学校体育是体育的一种特殊实践形式。"体育"指明了学校体育的属性，它是一项以培养人的身体运动为主的教育活动，而"学校"则揭示了该教育实践活动的重要场所，它是以学校作为载体和媒介开展的教育实践活动。具体来说，学校体育的目的是通过增强学生体质，与智育、德育、美育、劳育一道，共同培养全面发展的社会主义建设者。它不同于其他体育活动，它的教育对象必须是在校的学生，教育内容是经过严格筛选的，适合于不同年龄段学生身心发展的各种运动项目、锻炼方法和健康知识，而其核心就是以体育实践活动为主要手段，通过培养学生的体育兴趣、态度、习惯、知识和能力来增强体质、促进身心健康。可见，学校体育是有目的、有计划、有组织的以在校学生为参与主体的教育实践活动，在这一教育实践活动中，对"身体"的教育既是教育的目标也是教育的内容。

（二）学校体育的本质特征

学校体育是学校教育的重要组成部分，归根结底就是"有目的、有计划地培养人的活动"，是关于"人"的教育。学校体育离不开对人的教育过程，因此学校体育具有教育性、基础性、系统性等特征。

1. 学校体育的教育性

学校体育的活动内容、方式和方法都具有一定的教育意义，在提高学生的身体素质和健康水平的同时，还能培养学生的团队协作、竞争意识、自我超越、规则意识等良好的品质。可见，学校体育的教育目标不同于社会体育的休闲性和竞技体育的竞争性，它的根本目的就是通过身体的教育，达到对人的教育，培养具有完善人格、全面发展的人才是其教育旨归。所以，身体发展只是学校体育的表层含义和外在特征，其核心要义是对学生完整生命存在、发展的促进作用。

2. 学校体育的基础性

学校体育在个人体育素养和国家体育事业的发展中具有基础性地位。我国于1986年开始实施九年制义务教育，所有适龄儿童都要接受学校教育，随着学校教育的普及，学校体育教育也得到了一定的发展。学生通过在学校的体育学习，掌握了一定的运动技能，具备了一定的体育意识和运动能力，为个人养成良好的体育锻炼习惯和终身体育理念奠定了基础。特别是近几年，随着人们生活水平的不断提升，大众体育、休闲体育逐渐成为人们生活中不可缺少的一部分，越来越多的人愿意在体育锻炼上投入精力和财力，而学校体育作为对个体运动兴趣和运动能力培养的基础环节，成了个体未来体育发展的原动力，同时对国家"健康中国2030"规划战略的有效实施起到了基础性作用。可见，学校体育的良好运行，不仅影响了个体对身体素质和运动能力提升的需求,也影响了整个国家体育事业的改革和进步,是我国建设体育强国的关键要素。

3. 学校体育的系统性

为了保证国家教育目标和方针政策的实现,学校体育在运行过程中具有很强的计划性、目的性、实践性。从教学计划、课程设置、师资配备到场地设施,每个实施环节都有明确的工作要求。具体来说,在教学计划方面需要设计学段、学年、学期、单元等不同时间段的教学安排,包括教学目标、教学内容、教学方法、教学评价、教学时间等方面的设计。不同教学计划之间由上到下相互衔接,形成一个有机的整体,从而帮助学生有效地掌握体育知识和技能。在课程设置方面,虽然自2001年新课改实施以来,学校体育课程有了更多的自主性,但是课程的设计依然围绕学生身心健康发展的基本规律展开,包括运动知识、运动技能、运动竞赛和健康知识等内容。在师资配备方面,体育教师都是经过师范院校专门培养和专业训练的,在入职前后都要进行体育教学等相关技能的学习和培训,具有很强的专业性,能够有效保证各项学校体育活动的顺利开展。场地设施方面,国家有明确的学校体育场地、器材配备要求,学校需要每年对体育活动场地、器材进行维护和更新,特别是近几年学校体育的场地设施得到了很大改善,很多农村学校都建成了塑胶跑道,为学生开展体育活动提供了良好的硬件环境。总之,学校体育的系统性体现在教学计划、课程设置、教师团队、场地设施等方面,这些方面相互衔接、相互协作,形成一个有机的整体,从而为学生提供全面、有效的体育教育和辅导。

综上所述,通过对学校体育内涵和本质特征的探讨,更加明确了学校体育的价值,这也为深入探讨学校体育课程思政提供了重要的前提。

二、道德教育与课程思政

人类社会产生后,以群居为主要生存状态,为了更好地维持生存,使生命得以延续,逐渐将社会、群体的价值理念、道德规范渗入个体的生命内涵之中,使个体从一个自然生命的存在形式中超越出来,成为一个具有社会价值的存在,而这个过程也伴随着道德形成的过程。

(一)道德教育的基本概念

1. 道德教育的本质

在古希腊文化中,"arete"代表卓越的含义,其伦理学意义为"美德"。英国当代道德哲学家麦金太尔认为,一切德性都是"人所获得的品性",是"人内在于实践的善"。在中国古代,"德"字最早是指"道德"之意,如《易·乾·文言》所说的"君子进德修业"中的"德"即为此意。《大戴礼记解诂》中对"德"的解释是"外得于人,内得于己"。从词源上分析,无论是西方还是中国古代,"德"在内涵上都被理解为人内心的"善",一个人的德性品质就是其善的品质。怎样才能得到善的品质？就需要"育"。《说文解字》中将"育"定义为"养子使作善也",即熏陶涵育子弟,使其为善。西方也多把"育"理解为影响人的精神、人格的活动。所以,德育的本质内涵是教人"向善"和"求善",这也是道德教育的出发点和根本目的。我国儒家经典《大学》也印证了此观点,"大学之道,在明明德,在亲民,在止于至善"。"明明德"就是让人的"善性"得到发扬,"至善"是指让人达到"仁、敬、孝、慈、信"等善德的境界。古希腊哲学家苏格拉底也认为"美德就是善",哲学家康德也多次提到人类道德实践的最高目标就是"至善"。

2. 道德教育的两种解读

(1) 德育即道德教育

但是,在人类社会发展相当长的一段时间里,德育混同在教育概念之中,并没有相对独立的内涵。这正如卢梭所说"所谓'教育',在古代是和'培育'或'养育'同一意义的"。德育(moral education)作为教育中的一个基本概念,最早是英国学者斯宾塞在其《教育论》一书中提出的,他把教育划分为"智育"(intellectual education)、"德育"(moral education)、"体育"(physical education)。在中国古代,并无德育的概念,更未使用"德育"一词。德育即教育中的"育"——"养子使作善也",就是进行道德教育的意思。自近代教育以来,德育的概念从国外传入我国,理解为道德教育的简称。在我国,《钦定京师大学堂章程》中最早使用"德育"的概念,"外国学堂于知育体育之外,尤重德育"。1906年,王国维著《论德育之宗旨》正式使用"德育",此处"德育"系指道德教育。1928年,唐钺编著的《教育大辞书》对"德育"也作"道德教育"解。"德育为教育之一方面,以儿童之道德心之陶冶为目的",是"德性之熏陶"。同年,王克仁、余家菊等人所编的《中国教育辞书》中认为,"道德教育,训练道德品格之教育也,一称德育"。从上述文献可知,最初的"德育"只是道德教育的简称,二者没有差异。

(2) 道德教育即思想教育、政治教育等

到了20世纪80年代,随着社会的发展和教育内容的不断丰富,我国的"德育"这一概念发生了很大的变化,德育的内涵远远不能满足社会发展的需求,迫切需要扩大其含义。因此,将政治、思想、法制等教育都收纳到德育这一概念中来,造成德育概念的极大泛化,这不仅获得了政府文件的认同,而且在教育界中也得到推广。一些学者认为在学校教育中,德育承担了除智、体以外的教育,因此不能也不应仅限指道德教育,或者用道德教育取代其他诸如思想、政治、心理健康等方面的教育。王立仁在《德育价值论》中,对"德"的词源及含义依据我国教育的实际进行分析,认为德与道德是两个不同属性的概念,德育就是育德活动。他认为,在西周初期的金文中,德字就已经有了现代德字的形状:由彳、直和心三个字组成,即是在"直"下面加上一个"心"字,这个心字意味着德的行为既要发自内心又要正直。"德"首先是一个政治的概念,然后才是一个哲学概念。但是,"德"也不仅仅是一个政治概念,黄崇岳在《中国历朝行政管理》一书中曾提到,"德"既是统治阶级的自我修养和行为规范,又是一种统治手段。作为政治概念,德有三层含义:第一层是指能力,第二层是指德的方法,第三层是指治国方略。因此,德与道德是属于不同属性的概念。道德不是由统治者提出来的,它来自社会和世俗,是用来调整个人与个人以及社会与个人之间关系的准则,是一定社会对人的道德品质的要求。所以,德不仅仅是道德,还包括政治思想法纪和道德品质,道德只是德的一部分。我国教育界将德育概念过度泛化的原因可能是:第一,"阶级论"思想影响了人们的德育视野,将很多道德问题上升为政治、思想等问题;第二,由于对西方伦理学等理论研究的匮乏,使德育缺少反映自身特点的科学基础;第三,我国研究本土德育问题起步较晚,对德育关键问题上的研究还没有摆脱政治理论的影响。但是不管怎样,德育概念的过度泛化反映了我国教育科学体系还需要进一步完善和发展。

因此,有关德育概念的界定应当遵循"守一而望多"的原则。所谓"守一"即狭义上的德育是指道德教育,亦即西方教育理论所讲的"moral education",为"德育"正名,把它严格限定为"道德教育"。广义的德育是教育者根据一定社会和受教育者的需要,遵循品德形成的规律,采用言教、身教等有效手段,通过内化和外化,发展受教育者的思想、政治、法制和道德几方面素质的系统活动过程。

(二)课程思政的基本概念

2014年,上海市委、市政府印发实施《上海市教育综合改革方案(2014—2020)》,在全国范围内率先开展教育综合改革试点工作,首次提出"课程思政"的教育理念。2017年,中共教育部党组印发《高校思想政治工作质量提升工程实施纲要》,以当前教育形势为依据,对"课程思政"进行专业化解读,随即"课程思政"

开始在各种教育政策文件中广泛使用。

1. 课程思政的内涵

"课程思政"从字面上理解可以认为是"课程"与"思政"的有机整合。因此，有必要对"课程"和"思政"两个概念分别进行分析，进而更好地把握"课程思政"的内涵。首先，在我国唐宋年间就有了"课程"一词。唐代孔颖达在《五经正义》里为《诗经·小雅·巧言》的"奕奕寝庙，君子作之"句注疏时，首次使用了"课程"一词。他写道："教护课程，必君子监之，乃得依法制也。"宋代朱熹在《朱子全书·论学》中亦多处使用课程一词，如"宽着限期，紧着课程""小立课程，大作工夫"等。其意思是指所分担的工作程度和学习内容的范围、时限和进程。朱熹的用法已与现在许多人对课程的理解基本相似。从我国古籍记载看，"课程"一词的含义，既包含教学科目(学科)，又包括这些科目的教学顺序和时间。在西方，"课程(curriculum)"一词源自拉丁语词根"currere"，原意为"跑道"。据此，课程常被理解为"学习的进程"或"学习的路线"，即"学程"，它既可以指一门学程，也可以指学校提供的所有学程。

目前，学术界主要的观点集中在课程即教学科目、课程即学习经验、课程即文化再生产、课程即社会改造。实际上，人们对课程不同的理解源于人们看待课程的角度不同，有人从学科专业的角度来理解，有人从儿童发展的角度来理解，还有人从社会需求的角度来理解。

课程即教学科目，这种定义是从学科专业的角度来理解的，它将课程视作一个由各个科目相互关联、相互补充的知识体系，为学生提供必要的知识和技能，以实现特定的教育目标。这种定义为教育者提供了一个明确的教学框架，强调学科知识的系统性和逻辑性，认为学生可以通过学习各个科目来获得全面的知识和技能，也可以通过各个科目的成绩来评估学生的学习成果。所以，这种定义在教育领域中占有重要地位。但是，这种定义也存在一定的片面性。它把课程内容与课程过程割裂开来，片面强调内容，可能导致"重物轻人"的倾向。同时，它把课程视为教学过程之前或教育情境之外的东西，把课程目标、计划与课程过程、手段割裂开来，忽略了学习者的现实经验。因此，又有人从学生的角度提出课程即学习经验的定义。

课程即学习经验，是将课程理解为学生在学校教育环境中获得的感性经验和理性知识的总和。在这个定义中，课程是动态的，学习经验成为课程的核心，课程目标、内容和方法都应围绕学习经验展开，学习经验不仅包括学生在课堂上学到的知识,还包括在课外、校外、生活中获得的经验。学生在学习过程中不仅是知识的接受者,更是知识的探索者和创造者,因此,在课程设计时,应充分考虑学生的特点,提供多样化的学习经验,以满足不同学生的需求和兴趣。可见,这种定义将课程的重心从学科的视角转变到学生的视角,属于人本主义课程观。但是,如何设计满足每个学生个性发展的教学计划?如何将个人经验纳入知识体系?这些问题都影响着该定义在实践中的推广。

课程即文化再生产,是指学校通过教育过程将已有的文化传递给下一代,并使他们习得、内化、认同该文化的过程。在文化再生产的过程中,课程设计者把课程作为文化传递的重要手段,将已有的文化价值、知识和技能进行筛选和整合,然后通过教材、教学方法等媒介传递给学生。学生在接受课程的过程中,不仅习得了知识和技能,也习得了该文化的价值观和意识形态。这种课程定义强调文化的传递和再生产,认为学校教育的主要职责是维护和再生产既定的文化。但是,文化再生产的过程并非简单的复制,而是通过教育实践对原有文化进行选择、改造和传播。在这个过程中,学生不仅是文化的接受者,也是文化的创造者。如果学校教育只是机械地传递既定的文化,而忽视了学生的个体差异和时代的变化,那么这种文化再生产就会阻碍社会的进步和发展。因此,这种课程定义实质上是将课程的重点从学科、学生转向社会。

课程即社会改造,是指将课程视为改造社会的过程,特别是改造那些不公正、不平等的社会现象的过程。这种课程定义认为课程的目标应该是帮助学生认识和改变那些不公正、不平等的社会现象,使他们成为有能力改变社会的人。在课程设计方面,这种观点强调课程应该反映当代社会的问题和学生的现实经验。在课程实施方面,这种观点强调通过对社会问题的学习和分析,学生可以了解社会不公正、不平等的根源,并学会通过参与社会实践而改变这种状况。总之,课程即社会改造,是一种具有社会意识和批判精神的课程定义。它不仅关注学生的知识获得,更关注学生的社会责任感和行动能力。但是,认为课程能起到社会变革的作用,未免有些失实。

在当代社会,我国学者一般都对课程进行了狭义和广义的解读。狭义的"课程"主要是指课堂教学内容即书本教材,如《辞海》讲到"课程"将其定义为"教学科目",《现代汉语词典》(第七版)将"课程"解释为"学校教学的科目和进程";广义的"课程"是指学校以实现培养目标为目的而规划进行的教育内容和过程的总和,总体规划中包含各类学科以及相关联的教育实践活动。

"思政"即对思想政治教育的简称,是指"社会或社会群体对社会成员通过传播一定框架内的政治观点、思想观念、道德规范来开展具有目的性、计划性、组织性的影响作用,并带动引导其自主地接受这种影响,形成适应一定社会阶层所需要的思想道德的社会实践活动"。从"思政"的定义中,不难看出它应该包括思想教育、政治教育以及道德教育。其中,思想教育是指对人的观点、思想产生一定影响的教育,通过思想教育可以帮助学生树立正确的人生观、价值观和世界观,教会学生如何做人,如何看待这个世界。这是对学生生命的关怀,体现了一种人文精神。政治教育体现了国家意志对教育的思想引领,具有重大的战略意义。在我国主要体现为党育人,为国育才,加强对学生社会主义核心价值观的教育,为社会主义现代化建设培养可用之人、可造之才。道德教育主要是指对学生道德意识、道德情感以及道德行为开展道德规范教育,使其成为具有高尚品德和良好行为习惯的人。它是学校教育的重要组成部分,也是社会道德建设的重要内容。通过上述对"思政"含义的解读,可以看出在我国开展的"思政",主要以学校教育为中心,以课程为载体,以立德树人为根本任务,充分发挥各类课程的思想政治教育功能,教育引导学生保持政治态度的端正,对其思想、道德、心理素质进行全面整体的提升,实现显性与隐性相结合的全员、全程、全课程协同的育人格局。

我国开展思想政治教育最初的形式是在学校开设专门的思想政治理论课,比如中小学的《道德与法治》、高中的《思想政治》、大学的《马克思主义基本原理》《毛泽东思想和中国特色社会主义理论体系概论》《中国近现代史纲要》以及《思想道德修养与法律基础》等课程。虽然思政课程在一定阶段对学生的思想政治教育起到了积极的教育引导作用,但是随着学科专业的细化以及社会价值观的多元化发展,思政课程的局限性逐渐凸显出来,在实际教学中往往无法与其他学科形成合力并整合各门课程的育人资源,从而影响了育人效果。在此背景下,2016年12月,在全国高校思想政治工作会议上,习近平总书记强调"要坚持把立德树人作为中心环节,把思想政治工作贯穿教育教学全过程,实现全程育人、全方位育人,努力开创我国高等教育事业发展新局面","要用好课堂教学这个主渠道,思想政治理论课要坚持在改进中加强,提升思想政治教育亲和力和针对性,满足学生成长发展需求和期待,其他各门课都要守好一段渠、种好责任田,使各类课程与思想政治理论课同向同行,形成协同效应",可见思想政治理论课对于学生成长过程的重要性。面对习近平总书记和党中央对课程教育给出的重要指示,全国各高校开始展开对思想政治教育工作的教学改革。

大批学者对"课程思政"展开深入的研究与讨论,其中最具代表性的,也是多数学者比较认同的就是高德毅、宗爱东对"课程思政"内涵的解读,即"课程思政实质是一种课程观,并不是增设另一门课,也不是增开一项新的活动,而是要把高校思想政治教育融入课程教学和改革过程的各阶段、各方面,实现立德树人、润物无声"。可见,"课程思政"是一种创新式的教育理念,它是"思政课程"的有效延伸,破解了"思政课程"单打独斗的孤岛效应,丰富了思政的内涵。

随着"课程思政"教育理念从高等教育到基础教育的推广和深入,教育者和教育管理者逐步意识到只有充分挖掘各类课程的思政教育资源,提炼思政元素,拓展思政渠道,将显性的知识传授和能力教育与隐性的思想道德教育相结合,调动教育主体的积极性,才能完成对学生价值引领、知识传授、人格养成、能力建设的"四位一体"人才培育任务,实现全员、全过程、全方位育人的培养目标。

2. 课程思政的特性

课程思政是具有科学性和时代性的先进教育理念和方法,在深刻理解课程思政内涵的同时,还要深入探讨课程思政所遵循的教育特点和教育规律,结合各门课程的特点,采用潜移默化的方式对学生的价值观进行引导,从而实现立德树人的宗旨,达到教育的最高目标。

(1) 全面性

课程思政是一种创新的教育理念,而不是一门独立的课程,其目的在于弥补学生专门思想政治理论教育课程的不足,贯穿于所有课程教学、课外活动等学校教育的各个层面,由全体教师对所有学生实施全面的思想政治教育。因此,课程思政首先表现出来的特性就是全面性。全面性包括全员性、全方位和全过程。全员性主要指全体教师和全体学生,不论是思政课教师、其他学科教师,还是学校的管理者都有义务投入课程思政的建设中,通过各自的教育岗位形成育人系统,对全体学生开展课程思政教育,将课程思政的建设驶入正轨。全方位就是指课程思政的主渠道虽然是课堂教学,但是还要利用学校内外的各种教育场景、教育载体开展育人教育,比如校园文化建设、学风班风建设、考试诚信教育、参观革命纪念馆等,这些都可以作为课程思政教育的有效补充。全过程主要指所有课程自始至终都要贯穿着课程思政,进行隐性的渗透式的教育。长久以来,由于各门课程对思想政治教育方面的忽视,育人效果并不理想,因此为了加强思政的效果,就需要在课程建设的全过程,包括教学目标、教学内容、教学方法、教学评价等方面的设计和实施,有意识地渗透课程思政元素,在建设中不断补充完善。

(2) 隐蔽性

"课程思政"以润物无声的方式将思想政治教育渗透在各类课程的教学过程中，它是一种对理想与价值的输送和培育，这与直接传授知识有较大的区别，它以潜在的、隐性的形式将德育思政内容传授给学生，是一种无形的教育教学，因此具有隐蔽性。这就需要各门任课教师积极主动地深入挖掘学科知识中所隐藏的、潜在的思政资源，并将这些思政元素恰当、准确地融入学科知识教学过程中，达到寓德于课、寓教于无形的教育状态。这也是对任课教师教书育人能力的考验。因此，需要任课教师加强对国家教育方针政策的学习，牢固树立"四个意识"，坚定"四个信念"，拓展社会主义核心价值观的教育场域，创新教学方法，改革教学形式，将思政教育内化于课程教学中，引发学生的情感共鸣，提高育人效果。

(3) 协同性

课程思政的建设需要多学科的共同合作以及学校管理机构的支持和引导，它是一项综合性育人工程。从学生的生命发展角度来看，从小学、初中、高中到大学，每个教育阶段思政工作都有不同的重点和难点。因此，各级各类学校首先要明确课程思政建设的主体责任，加强教育资源建设，强化对教师思政育人的能力培养，使政课教师与其他课程教师在教育方向上同向同行，在教育理念上协同育人，提升育人合力，共同进行思想政治教育。从教育环境角度看，思政工作也不是仅仅局限在学校教育环境下开展，而是要结合社会教育、家庭教育环境协同开展，结合社会热点实事、家庭伦理道德等营造"大思政"环境，从多维度探究课程思政的协同性，将思政以"基因式"融入协同育人的全过程中，使其生根发芽。

(4) 引领性

课程思政建设是对思想政治教育的创新改革，是我国当代社会主义核心价值观的有效践行，对于强化价值引领、牢固理想信念具有重要的作用。青少年作为国家未来发展的重要力量，其价值取向在一定程度上影响了未来整个社会的价值取向。因此，要充分发挥学校教育的思政功能，不仅要加强思想政治理论课的价值引领建设，更要发挥各门课程在价值引领方面的积极作用，打破传统显性知识传授的课堂教学的壁垒，进行课程思政创新式育人，帮助学生树立正确的价值观，明确正确的价值理念和高尚的精神追求，更主要的是对学生道德品质、理想信念起到积极的引领导向作用。

第二节 学校体育课程思政的学科特性与教育原则

学校体育是学校教育的重要组成部分,是学校课程思政实现的主要手段之一,在促进学生全面发展、推进素质教育进程、培养新时代建设人才等方面发挥着至关重要的作用。伟人毛泽东曾在《体育之研究》中写道:"体育一道,配德育与智育,而德智皆寄于体。无体是无德智也。"这正说明了体育教学中开展课程思政的重要性。

但是,在人们的固有思维中,思想性、政治性和理论性的思政教育与体育似乎毫无关联。前者属于思想理性层面的教育,后者则是身体感性层面的活动,更不必说教育内容的千差万别。但实际上,两者共同的教育目标就是培养完整的人。从表象上来看是体育对学生运动习惯、体育精神、体育品格、独立人格的塑造和培养,而深层次更是对学生道德观念、思想境界以及精神素养的提升。当然,在体育教学过程中,开展课程思政教育也具有明显的学科特性。

一、学校体育课程思政的学科特性

(一)开放性与直观性

体育教学一般在田径场或体育场馆中进行,学生的活动空间比较开阔,活动范围比较大,这就给了学生比在教室上课的课程要大很多的学习自由度。这一方面提高了学生在学习活动中的自主度和参与度,另一方面也使学生更容易受到外界环境的影响和干扰,比如天气、噪声、光线等,这些因素激活了学生的视觉、听觉、触觉等多种感官刺激,一旦管理不当,就会分散个体的注意力。同时,在空间比较开放的体育活动中,个体的情感和情绪能够更容易地表达出来,学生更容易暴露自己"爱玩"的天性,将自己的各种情感体验真实、充分地表露出来。因此,体育教学管理比其他学科的教学管理更复杂、更困难。也就是说,体育教师不能放得太松也不能管得太紧。在体育教学中,既要让学生体会参与的乐趣、宽松和谐的人际关系,又要让学生能够端正学习态度,有组织性、纪律性,更好地完成学习任务。这就需要体育教师充分利用体育教育中思政教育的直观性特点,善于观察学生的学习表现,从学生的一言一行中发现问题,及时开展道德教育和思想品质教育,其产生的教育作用往往更及时、更有说服力。

(二) 动态性与实践性

体育教学的开展主要以学生的身体活动为基本形式,学生通过不断的身体练习逐渐掌握运动技能,在整个学习过程中学生都是处于动态的发展过程。因此,在体育教学中开展思政教育不限于在教室中以说教为主的教育形式,还要在学生运动的过程中去培养他们的道德品质,开展点滴教育。例如,在中长跑课堂上,学生往往有抵触情绪,这主要是因为中长跑过程中会使人产生很多负面的生理感受,如疲劳感、肌肉酸痛、呼吸不顺畅等,还有中长跑一般都围绕固定的跑道,形式比较单一,过程比较乏味,这些负面预期导致了学生对这类活动内容的反感和抵触。此时,教师对学生开展思政教育就不能一味地依赖口头上的说教方式,而是要采取具体的实践行动,比如自己带头跑步,或者设计一些有趣味性、创新性的途中障碍,让学生充分调动视觉、听觉等感觉器官参与到长跑活动中,或者采用分组竞赛的方式,让学生们运用战略战术,协同合作共克难关,使学生在集体环境中克服自身怕苦、怕累的心理反应。可见,在体育教学中开展思政教育一定要通过身体的活动实践来开展,而具有教育意义的实践活动需要体育教师的认真筛选与精心设计,这样才能让学生在身体得到锻炼的同时,精神和意志品质也得到充分的发展。

(三) 交往性与社会性

在体育教学中,学生通常都以小组的形式开展学习活动,因此,体育教学中师生、同学之间的沟通更加频繁和紧密,往往是一种多向沟通的模式。这种沟通相比教室中的学习方式,给了教师和学生更多的近距离接触和交流的机会,也增加了思政教育的机会。例如,在学生分组进行技术学习时,教师可以进行个别的纠错指导,这对于学生来说可以获得情感上的寄托,增强归属感,觉得与老师的关系更加亲近,少了教室课堂上的距离感。也有调查显示,体育教师往往给学生印象最深刻,也最受学生欢迎。所以,体育教师要充分利用与学生的近距离交流,对学生的自信心、勇敢顽强、集体观念等良好品质开展教育。

同时,体育活动尤其是竞赛活动往往对学生的社会化具有一定的促进作用。例如,在篮球比赛中,每个参赛队员都扮演着不同的角色,有不同的分工,同样也承担着相应的权利和义务。可以认为,体育竞赛场所就是社会的缩影。在这里面有既定的运动规则和道德标准,有分工与合作,有各种角色与责任,有竞争与实现自我价值的机会,这与现实的社会环境是如此相似。在现实社会中,每个社会人以各种不同的角色承担着相应的职责与义务，按照法律和道德标准来规范和调节自己的社会行为，因此，在体育教学中要充分发挥对学生社会性发展的教育作用，利用体育教学的机会，模拟社会环境，培养学生的规则意识以及社会责任感，使他们将来走向社会时可以更好地适应社会，符合社会发展的需要。

（四）突发性与即时性

在体育教学中，由于活动空间的开放性，分组活动形式比较多，对学生的组织管理也比较复杂，因此，往往会产生一些突发事件。例如，分组进行篮球比赛时，学生往往为了取得胜利而破坏规则，这样就会引起球队与球队之间的争执，甚至大打出手。这时，教师就要及时发现、及时制止，对学生的过激行为进行教育，遏制学生的不良思想。再比如，在接力比赛中，某个同学不小心跌倒了，但仍然爬起来继续比赛，可结果还是导致该队没能取得胜利，此时队友们不免对该同学产生抱怨的情绪，这时教师不能置之不理，而是及时开展教育，不仅要表扬摔倒的同学能坚持比赛的精神，还要强调集体、团队精神，以及对输赢的辩证看法，准确判断学生的心理反应，抓住重点问题进行道德的引导和教育，及时采取相应的措施。比如对学生进行教育后，可以再进行一场接力比赛，让同学们有机会展示自己团队协作的能力，证明自己的实力。可见，体育教学中有些事件是突发性和即时性的，这些事情转瞬即逝，因此教师一旦发现问题，就应该及时开展教育，如果贻误时机就会降低思政教育的效果和针对性。

（五）综合性和个体性

体育教学中的思政教育不是脱离其他学科思政教育而独立存在的。在学校教育系统下，每门课程都承担着育人功能，只有统筹发展、协调好各门课程之间的关系，才能达到综合育人、"五育"并举的效果。同时，人的思想品质也是综合性的，由知、情、意、信、行等因素有机构成，这些因素相互影响、相互渗透和密切联系。在塑造和培养人的体育道德品质过程中，不能单一地按一个序列进行，应该同时并举、相互协调，使各方面同时得到相应的发展。如果看不到它们的联系，单纯地从某一方面进行教育和培养，就难以收到良好的教育效果，甚至不能奏效。在一般情况下，提高思想认识是体育教学中思政教育的起点，但社会生活是复杂的、多样的，学生的生活环境、接受教育的程度和实际情况各不相同，而且知、情、意、信、行五要素又具有相对的独立性和渗透性。因此，每个学生体育道德品质的构成也不尽相同。这种情况就决定了体育思政教育必须从实际出发，针对不同的教育对象确定不同的教育开端。有的要从提高体育道德认识入手，有的要从训练行为习惯开始,有的要锻炼体育道德意志,有的要树立体育道德信念,有的要培养体育道德感情。

(六)反复性和渐进性

培养道德情感、锻炼道德意志、树立道德信念、养成道德行为习惯是一个更加复杂、困难、艰巨的过程。没有连续反复的教育,就不可能收到良好的教育效果,在体育教学中的思政教育也需要长期反复的渐进过程。我国古代教育家荀子提出的"积善成德"就说明了良好道德品质的形成需要不断积累的过程。在体育教学中,要关注每个思政教育的机会,比如课程结束后收拾器材、打扫场地等,这些行为需要养成一种道德习惯,学生的道德品质才可以"积跬步而致千里,积小流而成江河",最终成为具有高尚体育道德的人。如果在体育教学中操之过急,脱离学生现有的道德水平,不仅不能帮助学生形成良好的道德品质,反而会使学生失去信心,产生逆反心理。所以,只有长期、连续不断地在体育教学中关注道德教育,才能帮助学生最终形成良好的道德品质。

综上所述,体育活动中所呈现的体育精神、体育礼仪、体育品德无不反映着人类对个体价值、优秀品格、崇高理想的追求,这与塑造丰富完整的人格、实现人的自由全面发展的思想政治教育从本质上看是一致的。而体育鲜明直观的属性和本身所具有的思想政治教育功能,又为思想政治教育的发展提供了鲜活的实践载体和实现路径,不仅弥补了思想政治教育有效性严重不足的现状,也为推进思想政治教育的时代变革奠定了重要基础,对于实现两者培养完整的"人"的教育目标有着重要的意义和价值。为此,在学校体育课程思政实施过程中也需要遵循一定的教学原则。

二、学校体育课程思政的教育原则

(一)坚持以体育人、德育为先原则

教育的首要任务是育人,体育是教育的重要组成部分,其意义远超越单纯的身体锻炼。体育课程不仅是增强体质、传授技能的载体,更是培养学生全面发展、塑造健全人格的重要阵地。它深度融合了体育与德育的精髓,强调在身体锻炼的同时,注重学生道德品质和人文精神的培育。为此,在体育教学中教师也肩负着双重使命:一是通过科学训练增强学生的体能与技能,二是通过精心设计的体育活动,潜移默化地引导学生树立正确的世界观、人生观和价值观。在此过程中,体育活动成了道德教育的生动课堂,学生在参与体育竞技、团队合作中,不仅能够体验到运动的乐趣与挑战,更能学会尊重规则、公平竞争、团结协作等道德品质。所以,体育教育应该始终坚持以体育人、德育为先的原则,将德育理念深植于教学的每一个环节。通过丰富多彩的体育活动,引导学生树立正确的世界观、人生观和价值观,让他们在体育竞技中锤炼品德、塑造心灵。

(二)贯彻因材施教、寓教于乐原则

在体育教学中,每个学生的身体素质、兴趣爱好和性格特点都各不相同。因此,在体育课程思政实施过程中,教师应当充分了解学生的个体差异,根据学生的实际情况,制定个性化的教学方案。例如,对于性格比较内向、运动能力不强的学生,教师在进行思政教育时,就要采用个别谈话的方式,在课下对学生进行思想教育和个别辅导,帮助他们走出学习困境;对于具有运动天赋、比较骄傲、散漫的学生,教师可以在课堂上给他们提出更高、更难的学习挑战,激发他们的获胜决心,帮助他们实现更高的运动目标,同时也培养他们坚韧不拔的精神。当然,寓教于乐原则也是体育教学中不可或缺的一部分。体育运动本身就具有娱乐性和趣味性,但如何让学生在运动中感受到快乐,并从中获得知识和成长,就需要教师巧妙地将教育元素融入体育教学中。例如,教师可以通过组织趣味运动会、体育知识竞赛等活动,让学生在轻松愉快的氛围中学习体育知识,提高运动技能。同时,教师还可以结合学生的兴趣爱好,设计一些富有创意和趣味性的运动项目,让学生在运动中感受到挑战和乐趣,激发他们的创造力和想象力。

因材施教与寓教于乐作为现代教育的重要原则,相互依存、相互促进。它们共同构建了一个既尊重个性又充满乐趣的教育生态,为每个学生的成长提供了广阔的空间和无限的可能。在这个生态中,每个学生都能找到适合自己的发展路径,在轻松愉悦的氛围中探索未知、挑战自我、实现价值。这不仅是对学生个体成长负责,更是对未来社会人才培养的深远考量。

(三)强化实践体验、知行合一原则

体育课程的本质在于实践,通过实践活动,学生能够将所学的知识和技能转化为实际能力。因此,在体育课程思政的教学中,教师应注重实践环节的设计和实施,让学生在实践中感受体育的魅力和价值。例如,在足球比赛中,学生需要学会与队友相互协作,共同面对挑战;在长跑训练中,学生需要坚持不懈,克服身体和心理的困难。这些实践体验不仅能够锻炼学生的体魄,更能够深化他们对团队协作、拼搏精神和公平竞争的理解,从而培养他们的集体荣誉感和社会责任感。此外,知行合一在体育课程思政中也发挥着至关重要的作用。知是行的前提和基

础,行是知的目的和归宿。只有将知识转化为行动,才能真正实现体育课程的育人效果。因此,在体育教学中,教师可以通过引导学生参与体育实践活动,让他们在实践中学习、感悟和体验。例如,在培养学生规则意识时,教师可以组织学生进行各种比赛,让学生在比赛中理解和运用规则,自觉遵守规则;在介绍体育精神时,教师可以邀请优秀运动员分享他们的比赛经验和心路历程,让学生从中汲取力量,激发自己的斗志。

总之,体育课程思政的实践体验和知行合一原则是提高学生思想认识和道德修养的关键环节,只有通过参与体育活动,学生才能够亲身体验到团队合作的重要性、拼搏精神的魅力以及公平竞争的价值。

(四)注重全程育人、协同推进原则

体育课程思政是一个长期系统工程,不是一节体育课或者一学期体育课就可以解决的问题。因此,从纵向来看,大中小学应该形成体育课程思政的一体化建设,确保每个学段都能为下一学段奠定坚实的基础,形成连贯的思政教育脉络。在小学阶段,体育教学应侧重于培养孩子们对体育的兴趣和热爱,通过游戏和趣味性强的活动,让他们感受到体育带来的快乐,同时培养团队精神和合作意识。进入中学阶段,体育教学应更加注重培养学生的意志品质和竞技精神。通过更加严谨的训练和比赛,让学生体验到成功与挫折,学会面对困难和挑战,从而塑造坚韧不拔的品格。此外,体育课堂还可以结合历史典故和英雄事迹,讲述体育精神在国家和民族发展中的重要作用,增强学生的民族自豪感和爱国情怀。到了大学阶段,体育课程思政应该进一步提升学生的体育素养和人文素质。通过专业的体育课程和丰富的体育文化活动,让学生更加深入地了解体育运动的内涵和价值,培养终身运动的习惯和健康的生活方式。同时,大学体育课堂还可以引入更多与思政教育相关的内容,如体育道德、体育精神、体育与人生等,让学生在体育实践中领悟人生的真谛,树立正确的价值观和世界观。

除了纵向的一体化建设,体育课程思政还需要在横向上协同推进。体育学科应与其他学科开展跨学科合作,通过组织跨学科的教师研讨会、教学观摩等活动,促进不同学科教师之间的沟通与理解,形成育人合力。首先,体育学科可以与人文社科类学科结合,让学生在运动中感受到文化的熏陶,理解体育精神与人文精神的内在联系。例如,通过体育课程中的历史讲解,让学生了解某项运动的起源、发展和背后的文化故事,从而增强对体育文化的认同感和归属感。其次,体育学科也可以与自然科学类学科结合,帮助学生从科学的角度理解体育运动的原理,掌握科学运动的方法。通过生理学、运动学等课程的学习,学生可以更加深入地了解自己的身体,知道如何更加健康、有效地进行体育锻炼。此外,体育学科还可以与艺术学科结合,让学生在运动中感受美的魅力,提高审美能力和创造力。通过舞蹈、体操等艺术形式的融入,体育课程可以变得更加丰富多彩,更具吸引力。

总之,体育课程思政的一体化建设需要多方面的共同参与和努力。只有形成合力、持续推进,才能将体育课程思政落到实处、取得实效,真正实现体育课程思政的目标和愿景。

(五) 实施综合评价、多元发展原则

传统的体育评价方式往往只关注学生的体能和技能成绩,而忽视了他们在体育活动中所展现的品德、意志和团队协作等方面的具体表现。其实,在思政教育的视角下,体育课程的评价应当更加全面化和多样化。也就是说,不仅要关注学生的体能和技能水平,还要对他们的参与态度、团队协作、竞争意识以及道德品质等进行综合评价,这样才能更好地反映学生的全面发展情况,帮助他们建立正确的价值观和人生观。在实际操作中,可以通过课堂观察、问卷调查、同伴评价、成长记录等方式收集学生的信息,然后利用互联网、大数据等技术手段收集和深入分析学生的学习数据。这样不仅能够客观地评价学生的表现,还能为他们提供个性化的指导和帮助。同时,也可以结合学生的实际情况,制定差异化的评价标准,使每个学生都能在体育课程中找到自己的价值和发展空间,促进学生的多元发展,更好地适应未来社会的挑战和变化。

综上所述,体育课程思政实施应当遵循以体育人、德育为先、因材施教、寓教于乐、实践体验、知行合一、全程育人、协同推进、综合评价、多元发展等教育原则,不断创新教学方法和教学手段,使体育充分发挥其育人的教育价值,为学生的全面发展提供更加坚实的支撑。

第二章

我国学校体育课程思政的历史回顾与当代价值

　　自古以来,中国社会就有良好的教育传统。早在奴隶社会时期,就产生了专门从事教育的机构——学校,所谓"夏曰校,殷曰序,周曰庠,学则三代共之"(《孟子·滕文公上》)。西周出现了以"礼、乐、射、御、书、数"为主要教学内容的"六艺",而其中乐、射、御都含有较多的体育教育成分。春秋战国时期,私人办学掀起了高潮,以教育家孔子为例,一生从事教育四十余年,"弟子三千,贤者七十二"。孔子的教育坚持文武兼顾,他本人也是一位善射、御的人。《礼记》中就有孔子亲自带领学生举行射箭活动的记载,"孔子射于矍相之圃,盖观者如堵墙"。大概自汉代思想家董仲舒提出"罢黜百家,独尊儒术"以后,崇文抑武就开始逐渐影响中国社会的发展,使学校教育中的体育成分越来越少,到了宋朝之后,社会上甚至出现了"羞与武夫齿"的文化现象。

　　随着中国社会进入近代以来,传统的教育思想、教育观念、教育形式等受到了西方文化的冲击,取而代之的是近代教育制度的逐步确立。1862年创办的京师同文馆,标志着以西学为主要内容的新式学堂正式在中国诞生。在"西学东渐"的文化碰撞中,西方近代体育也从军队走向学校,逐渐成为学校教育体系中的一门课程。本研究所探讨的学校体育就是近代学校制度建立以来学校开展的体育教育活动。为了便于研究,将近代以来学校体育的发展阶段分为:①1840年鸦片战争至1911年辛亥革命时期,此阶段为晚清时期,是西方近代体育在中国早期传入和传播的重要历史阶段,学校体育以军国民体育为主;②1911年辛亥革命至1949年新中国成立时期,此阶段为"中华民国"时期,社会时局多变,在体育观念上学校体育先是继承军国民体育,后借鉴自然主义、实用主义体育;③1949年新中国成立至"文革"结束时期,在这段时期学校体育主要借鉴苏联教学模式;④改革开放至今,随着我国社会、经济、文化、教育的不断发展,学校体育也在探索新的发展方式。

第一节　学校体育课程思政的历史回顾

一、1840 年鸦片战争至 1911 年辛亥革命时期

中国近代学校体育是从洋务运动中的学堂体育开始的。这一时期由于西方列强的军事侵略，当时的中国洋务派、维新派以及资产阶级民主派进步人士看到了西方体育的军事价值，欣赏"军国民教育"利于"强兵"，因而迫不及待地首先引进了西方包括兵式体操和普通体操在内的兵操体育。

自 1840 年鸦片战争以后，帝国主义列强的侵略以及国内农民起义动摇了清朝政府的封建统治，清王朝为了挽救其封建统治，开始对根深蒂固的封建教育进行变革。在 19 世纪 60 年代，清王朝以奕䜣、李鸿章、曾国藩、左宗棠、张之洞等为主的一批大官僚搞起了所谓的"洋务运动"，提倡"办洋务""兴西学"。"洋务派"开办了以军事学堂为主的新式学堂，如北洋水师学堂、天津武备学堂、广东陆师学堂、广东北师学堂、福建船政学堂、南洋水师学堂等。洋务学堂以学习"西文"和"西艺"为主要内容，军事学堂设体操课，早期以练英式兵操为主，甲午战争后多采用德式兵操。正是新军操练，使西方兵操得以系统地传入中国。此外，洋务学堂还开展了以西方的近代体育运动项目为主的各种体育活动，以 30 人左右为一个班上课。当时南洋水师学堂体育活动的主要内容有击剑、刺棍、拳击、跳远、跳高、跨栏、足球、爬杆、游泳、平台、木马、单杠、双杠、爬山等。尽管洋务派的倡导者们开设体育活动的目的是增强军事力量，在教育思想和体育思想上还没能对西方学校体育产生足够的认识，但毕竟首开了中国学校体育先河，在客观上对学校体育的萌发起到了积极作用。

随着清政府在中日甲午海战中的失败，洋务派学习西方器物层面以"师夷长技以制夷"的努力也宣告失败。甲午战争后，在维新派"广开民智"的奔走呼号下，全国出现了一个兴办新式学堂的高潮，1891 年，资产阶级改良派领袖康有为在广州长兴里办起"万木草堂"学社，也开设了体育活动，并"每间一日"上体操课，"每年假时"上游戏课。他的学生梁启超接受了西方资产阶级的体育思想教育，认为"德育、智育、体育三者，为教育上缺一不可之物"。1901 年，清政府又开始实行"新政"，主张废除科举，兴办学校，并于 1904 年（旧历 1903）公布和正式实施了中

国近代史上的第一个学制——《奏定学堂章程》。虽然在《奏定学堂章程》发布之前的1902年,清政府曾公布了一个《钦定学堂章程》,而且从形式上看,其确实已经具有较为完备的学校体系,可以称得上是中国近代教育史的第一次法定学校系统,但是由于该章程没有施行,所以也就不具有历史影响力。对中国近代教育制度真正产生重大影响的是1904年公布并实施的《奏定学堂章程》。该章程对学校系统、课程设置、学校管理等都作了具体规定,是第一个比较完整的并经法令正式公布在全国实行的学校体系,它一直沿用到1911年清朝灭亡为止。

《奏定学堂章程》也称"癸卯学制",它规定了从小学到大学的完整学制体系。在纵向上,学制分三级六段。第一段为初等教育,设初等小学堂5年,高等小学堂4年,另有不在学制内的学前教育形式——蒙养院;第二段为中等教育,设中学堂5年;第三段为高等教育,设高等学堂或大学预科3年,分科大学堂3到4年,通儒院5年。按照这个学制规定,儿童从7岁入学到最后通儒院毕业的整个过程,大约是25年。如果不计算通儒院,为21年,是我国最长的一个学制。在横向上,与高等小学堂平行的,有实业补习普通学堂、初等农工商实业学堂和艺徒学堂。与中等学堂平行的,有初级师范学堂、中等农工商实业学堂。与高等学堂平行的,有优级师范学堂、实业教员讲习所、高等农工商实业学堂。

《奏定学堂章程》基本上是完全仿照日本学制制定的,其在学校体育上的意义是,明确规定各级各类学校均要开设体育课程,课程称之为"体操科",并对课程的教学时数、教学目标、教授内容、场地设施等都作了相应的规定。例如,教学时数的规定是:小学堂每周三学时,中学堂每周二学时,大学堂每周三学时。在教学目标上,小学堂提出的要求是:"其要义在使儿童身体活动,发育均齐,矫正其恶习,流动其气血,鼓舞其精神,兼养成其群居不乱、行立有礼之习,并当导以有益之游戏及运动,以舒展其心思。"中等学堂的要求是:"凡教体操者,务使规律肃静,体势整齐,意气充实,运动灵活。"强调"中学堂体操宜讲适用"。在教授内容上,小学一年级主要安排"有益之运动及游戏"。从二年级开始,兼习"普通体操"。到了中学阶段,主要有"普通体操"和"兵式体操"。"其普通体操先教以准备法、矫正法、徒手哑铃等体操,再进则教以球竿、棍棒等体操。其兵式体操先教单人教练、柔软体操、小队教练及器械体操,再进则更教中队教练、枪剑术、野外演习及兵学大意。"中学的体操科内容安排,还"可视地方之情形,若系水乡,应使练习水泳"。但总体原则上,"在中学堂,宜以兵式体操为主"。该章程对大学堂的体操科教授内容,也是规定为"普通体操、兵式体操"两种。在体育课程的场地设施方面,该章程规定:"初等小学堂之体操场,应分室内、室外两式,以备风雨。除室外一式必备外,室内即借学生聚集处用之。"此外还要备有体操"所用之器具"。中等学堂的体操场,"必宜分屋内、屋外二处"。教授体操的所用器具,则"均宜全备,且须合教授中学堂程度者"。高等学堂体操场,也是"宜分屋内、屋外二式",凡教授"体操用器具,均宜全备"。

值得注意的是,当时的清政府为保证学校体操科教学的顺利进行,甚至还专门颁布了一个《操场规则》。对此,可理解为是落实《奏定学堂章程》中有关学校体育工作要求的重要补充。《操场规则》的内容共有七项:"一、操场当一律整齐,不得嬉笑私语、大声咳唾、蹲坐自由;二、操场器械各有定所,不得任意移动毁坏;三、服用物如眼镜、荷包等件,不得带入操场;四、操帽衣裤,下场后即须一律更换,收置整齐;五、学生值操期,不得借故请假不到,排班定后不得擅自妄动出班;六、学生不值操期旁视者,应一律整立,均着学堂制服,不得异色屏羼杂;七、操场一切均听教习号令,仍随时受监学纠正。"

《奏定学堂章程》的颁布,确立了中国近代教育制度,使近代体育在中国学校的普遍实施获得了法律支撑。但是,由于当时的体育课教学更多地偏重于兵式体操的训练,即"立正、稍息、齐步走"之类的军事操练,虽说对学生的身体发展有一定的积极作用,但体育课形式上的呆板、枯燥和千篇一律,事实上更多地影响了体育教育的实际效果。可见,这段时期虽然废科举、兴学堂等教育组织形式发生了变化,但学校体育核心思想仍然没有太大变化,依旧围绕传统教育为专制皇权主导下社会运转服务的轴心。军事体操作为学校体育的主要教学内容,在各学堂得到进一步普及,加深了学校体育的政治化、工具化倾向,造成其人文内涵的流失,这也给中国的学校体育发展留下了一定的隐患。

二、1911 年辛亥革命至 1949 年新中国成立时期

1911 年,由孙中山领导的辛亥革命推翻了封建帝制,随后南京临时政府成立,对教育开始了一系列适应资产阶级需要的改革。1912 年 9 月公布新学制,称为"壬子学制"。接着,又陆续颁布了各种学校规程,对新学制有所补充和修改,于是又总合成一个更加完整的学制系统,即"壬子癸丑学制",该学制施行到 1922 年,是中国教育史上第一个资产阶级性质的学制。该学制改学堂为学校,废除了忠君、尊孔、读经,取消了进士出身奖励,确定了妇女的受教育权利和男女同校制度,同时筹办各级女子学校,体现了资产阶级的科学与民主教育思想。但是,由

国内动荡的战争时局,军国民教育仍然占据主要地位,学校体育方面仍以兵式体操为主。

1919年"五四运动"以后,由于受到国际上提倡和平运动和国内反帝救亡运动的影响,以倡导民主科学、反对封建专制主义和形式教育主义思想的"新文化运动"使军国民体育思想及兵式操练受到抨击与抵制。与此同时,欧美自然主义教育思想开始传入中国。自然主义教育思想认为教育应遵循儿童发展的自然规律,从儿童的兴趣、本能出发,美国教育家杜威在此基础上,提出了"教育即生活""学校即社会""从做中学"等口号,强调教育"以儿童为中心",注重儿童"个性的自由发展"。由于受自然主义、实用主义教育思想的影响,学校体育也发生了新的变化。1922年,北洋政府颁布的《壬戌学制》以及1923年公布的《新学制课程标准纲要》正式将学校课程中的"体操科"改为"体育科",以身体活动作为体育手段的体育活动取代了兵操式体操。体育课的内容开始采用田径、球类和游泳等自然体育项目。体育教学方法也开始注重对学生兴趣、爱好的培养,出现了"设计模仿法"和"分组教学法"等积极的教学方法。初、高中分别加入卫生和生理教育。各学段体育目标为:①发达儿童青少年身体内外各器官的功能,以谋全体的适当发展。②顺应儿童爱好活动的本性,发展其运动的能力,以养成日常生活及国防上所需的运动技能。③培养儿童为敏捷、勇敢、耐苦、诚实、公正、快乐、牺牲、服务、守法、合作、互助、爱国的公民,以作复兴民族、御侮抗敌的准备。

自然主义、实用主义体育思想的传入,对当时中国学校体育的发展产生了十分积极的影响,推动学校体育向前迈进了一步。但由于对欧美教育思想盲目照搬硬套,体育教学出现"放羊式"教学,学校体育仍然停留在较低的水平上。

1927年国民党执政以后,在政治、经济、军事方面多依靠美国的支持,在文化、教育、体育方面也自然被美国化。在这个时期,学校体育确立了体育教育化、生活化、自然化、娱乐化的思想,学校体育的目标在于通过身体活动保持身体健康、锻炼体格、娱乐身心、顺应个性、培养公民道德、训练生活及国防上的基本技能等。国民党政府执政期间,为加强学校体育管理,一度采取了一些行政措施,颁布了一系列有关学校体育的规章。如1931年2月,国民党政府公布了《初级中学体育课程标准》《高级中学体育课程标准》,翌年11月,公布了《小学体育课程标准》,1936年公布了《暂行大学体育课程纲要》。到1940年3月又公布了《各级学校体育实施方案》,规定了各级学校体育课均为必修课,这是我国近代史上第一个比较全面的学校体育实施方案。同时期,还陆续出版了24册《体育教授细目》,应该说这是我国第一部较完整的中小学体育教科书。这些"标准""方案"对于学校体育的发展是有积极意义的,但由于体育在学校教育中不被重视,学校中的体育科与音乐、图画和手工并称为"小四门",在整个学校教育中是没有什么地位的,尤其是当时中国处于内外战争不断、政府政治腐败、经济落后的动荡年代,因此,学校体育一直处在一个低水平的畸形发展过程中。

然而,处于同一时期的革命根据地的学校体育却完全是另一番崭新面貌,党中央和毛泽东都十分重视发展老苏区和解放区的体育运动。当时,列宁小学、苏维埃大学及抗日军政大学、中央党校等学校均开设体育课,非常注重军事训练与体育的有机结合。及至1941年还成立了延安大学体育系,培养了一批体育干部,积累了丰富的经验,体现了明确的政治方向和艰苦奋斗的精神。革命根据地学校体育的广泛开展,既为培养合格的革命人才发挥了作用,又为发展我国社会主义体育事业和学校体育奠定了基础。

综上所述,在民国时期,我国学校体育受到国内民主革命及欧美教育思想的影响,在思政教育方面逐渐转变了以军国民思想为主的教育理念,开始接纳自然主义教育思想,从将学生看作政治的工具人转变为注重学生个性的发展,有了对学生身心健康发展的关注,但由于受国内动荡时局的影响,这种关注还处于一种较低的水平,对学生思想教育、政治教育、道德教育等还仅停留在制定标准层面,实际落实的情况并未改善。

三、1949 年新中国成立至 1976 年"文革"结束时期

(一)社会主义改造时期(1949—1956 年)

新中国成立后,中国共产党领导全国各族人民实现了从新民主主义到社会主义的转变。这一阶段,党和政府一边抓国民经济的建设,一边抓对生产资料的社会主义改造。与此同时,也进行着包括学校体育在内的教育科学文化事业的社会主义改造,使学校教育从根本上改变了旧中国教育的半殖民地半封建性质,建立起为社会主义建设服务的具有社会主义性质的学校体育。

新中国成立后,学校体育的方向非常明确,即增强学生体质,进行共产主义思想品德教育,培养德、智、体、美、劳全面发展的社会主义新人,为劳动生产和国防建设服务。针对当时广大学生健康状况不良的严重情况,毛泽东主席于 1950 年 6 月作出了"健康第一"的指示,1951 年 8 月中央人民政府政务院颁发了《关于改善各级学校学生健康状况的决定》,提出了"增进学生健康"的要求,"各级学校应

切实进行体育教学,尽可能地充实体育娱乐的设备,加强学生的体格锻炼"。为了加强对学校体育的领导和管理,教育部设立了体育指导处,国家体委设立了群众体育司,团中央设立了军事体育部,使学校体育的发展有了组织保证。

1950年8月,教育部颁发了《小学体育课程暂行标准(草案)》,将体育教学目标明确为:培养儿童健康技能、健美体格,以打好为人民、为祖国的建设战斗而服务的体力基础;培养儿童游戏、舞蹈、体操等运动兴趣和习惯,以发展身心,并充实康乐生活;培养儿童国民公德和活泼、敏捷、勇敢、遵守纪律、团结、友爱等品质,以加强爱国主义思想和集体主义精神。1952年,教育部和国家体委联合颁布了《学校体育工作暂行规定》,指出我国学校体育的基本目标是:促进学生身心发展,增强体质,并对学生进行道德品质的教育,使他们能很好地完成学习任务,从事社会主义建设和保卫祖国。为了达到这一目标,教育部于1952年在《各级各类学校教育计划》中正式规定,从小学一年级到大学二年级均开设体育必修课,每周2学时。

在新中国成立初期,由于缺乏社会主义建设经验,而且面临着帝国主义的包围和封锁,只有苏联这一社会主义国家的经验可以借鉴。在这种特定的国际国内历史背景下,苏联体育教育思想和学校体育模式成为我国学校体育建设的主要学习对象。1953年,教育部组织专门人员翻译了苏联十一年制体育教学大纲,向全国体育教师进行介绍。同年,中央体育学院聘请苏联专家讲授体育教育理论,这些理论是苏联1917年十月革命以后多年体育教育实践和研究的结晶。其基本教育指导思想理论体系包括:马克思关于人的全面发展学说,列宁、斯大林关于社会主义制度下造就一代新人的理论,为社会主义生产劳动服务的实用主义教育思想和为国防建设服务的军备体育思想。在这个教育思想理论体系中,学校体育思想强调体育在共产主义教育中的地位、作用,强调体育教育的阶级性,重视教师在学校体育工作中的主导作用,认为体育教学是学校体育的中心工作。该理论重视体育教学计划、教学大纲和教材的基本建设。在体育教学中,注重传授体育的知识和技能,注重增强体质的生物功能以达到为生产和国防建设服务的实效。同时,该理论重视通过体育对学生进行共产主义教育,并认定在体育中进行集体主义教育、纪律教育等是培养社会主义新人的重要手段。该理论也介绍了苏联中小学体育课的四段式结构和课的密度与运动量等。教育部1956年3月和5月以苏联体育教学大纲为蓝本,先后颁布了全国统一通用的《小学体育教学大纲(草案)》和《中学体育教学大纲(草案)》,从而使体育教学工作有了统一规范的要求。

总之,在这个时期,我国学校体育初步建立起一个社会主义性质的、以苏联体育教育思想为基本理论框架的学校体育雏形,使学校体育工作趋于正规化。但是,在学习苏联的体育教育思想和体育模式过程中,存在着脱离我国国情、盲目照搬的现象,没有根据我国经济基础落后、学生体质弱的实际情况开展工作,而是机械地注重技能传授,忽视了增强学生体质,没能很好地发挥我国民族传统体育文化在学校体育中的作用。由于特定历史条件的局限,把学习目光只集中到苏联的教育理论,而排斥了其他国家的先进体育教育理论和经验。

(二) 社会主义建设时期(1957—1966年)

1957年,毛泽东主席提出了"我们的教育方针,应该使受教育者在德育、智育、体育几个方面都得到发展,成为有社会主义觉悟的、有文化的劳动者"的指示。根据这一指示,国家确定了"教育必须为无产阶级服务,必须同生产劳动相结合,使受教育者在德育、智育、体育几方面都得到发展,成为有社会主义觉悟的有文化的劳动者"的教育方针。当时我国的体育方针是:广泛开展群众体育运动,使体育运动普及化和经常化,增强人民的体质和健康,为社会主义的经济建设和国防建设服务。在教育方针和体育方针的指导下,我国的学校体育工作出现了新局面,有的教师试图冲破苏联的体育教学模式,在教材的选择上和教学改革上作了一些尝试,目的在于探索适合于我国特点的体育教学体系。1958年社会上出现了浮夸风和"左"倾思潮,在学校体育中要求学生百分之百地达到"准备劳动与卫国体育制度"的一、二级标准,甚至要求学生全部达到等级运动员和等级射手标准,即所谓"四红"运动,并一度出现"以劳动代替体育""军训代替体育"的错误思想与做法。在浮夸风和"左"倾思潮的影响下,学校体育的正常秩序遭到了破坏。加之三年的困难时期和苏联违约,国家经济极度困难,学生体质及健康受到严重影响,体育课处于半停课状态。

1961年国家提出了国民经济"调整、巩固、充实、提高"的八字方针,中国共产党领导全国各族人民同自然灾害和经济困难做着顽强的斗争。在学校体育中,总结了经验教训,认清了形而上学和浮夸风的危害,批判了"以劳代体"和"以军代体"的错误观点,学校体育课得到了恢复。1961年人民教育出版社出版了《小学体育教材》和《中学体育教材》,并将教学大纲同教材合订为一本同时颁发。这两部大纲规定了"从增强学生体质出发"的选编教材原则,同时,这套教材在体现我国民族传统体育特点方面迈出了一步,在一定程度上奠定了我国体育教材建设的基础。1961年后,教育部发布的高等学校体育教学大纲,完善了我国各级学校各学段上的教学基本规划。对全国学校执行新的体育教学大纲,改变了以往体育教学随意进行的局面,为我国体育课教学制度化奠定基础。

1963年5月,教育部在北京召开了各省、市、自治区教育厅(局)体育干部座谈会。会议重点讨论了试用中、小学体育教材以提高课堂教学质量,以及积极开展各种体育活动、运动竞赛和提高在职教师的业务水平等问题。此次讨论使人们开始把目光转移到如何提高体育课的教学质量上,促进了体育教学的规范化建设。

1964年8月,国务院批转了教育部、卫生部(现为国家卫生健康委员会)、国家体委(现为国家体育总局)《关于中、小学学生的健康状况和改进学校体育、卫生工作的报告》。该报告指出:学校体育应面向广大学生,首先是上好每周两节课(两课),同时坚持做早操和课间操(两操),安排好每周两次课外体育活动(两活动),然后在广泛开展群众性体育活动的基础上,可适当组织学生的运动竞赛。该报告还鼓励有条件的学校开始试行《青少年体育锻炼标准》。至此,以"两课、两操、两活动"为中心的学校体育教育格局初步形成。

(三)十年动乱时期(1966—1976年)

从1966年5月至1976年10月,中国经历了一场政治浩劫。1966年,正当我国国民经济调整任务基本完成,即将进入新的发展时期之际,爆发了"文化大革命"。"文化大革命"的十年内乱,使国家的民主法制遭到破坏,社会主义各项事业受到极大损失,而教育领域是"重灾区",教育事业遭到新中国成立以来最严重的摧残和损失,十七年的教育和体育工作被全面否定,学校的教学秩序、教学计划、课程设置及教学思想受到严重破坏。从1966年到1970年,许多学校的体育课陆续停止,多数学校体育工作呈瘫痪状态。在复课以后的几年里,学校体育工作仍是在极度扭曲、极度混乱的状态下进行的。

当时的体育教学目的任务是:高举毛泽东思想伟大红旗,突出无产阶级政治,培养学生成为坚强的无产阶级革命的接班人;以阶级斗争、两条路线斗争为纲,彻底批判反革命修正主义路线,提高学生阶级斗争和两条路线斗争的觉悟;向解放军学习,培养学生"一不怕苦、二不怕死"的革命精神,加强组织纪律性,掌握一定的军事体育的基本知识和技能,增强体质,为参加三大革命运动服务。在这种教学目的任务影响下,出现了"军事代替体育""劳动代替体育"等现象。

1. 以"军训"代替体育

在1966年5月兴起的"红卫兵"运动的冲击下,全国学校很快陷入一片混乱。到1966年底,各级教育行政领导部门和学校党、团组织相继瘫痪。各学校领导和部分教师遭到揪斗、批判，有的被体罚、殴打。全国大中小学全部"停课闹革命"，学校教学秩序荡然无存。

1967年10月14日，中共中央、国务院、中央军委、中央"文革"联合发出《关于大、中、小学校复课闹革命的通知》，要求全国各地大、中、小学一边进行教学，一边进行改革。自此以后，中小学和大专院校相继复课，各地开始出现了形形色色的"教育改革方案"。由于毛泽东主席多次在有关教育工作的谈话和指示中都强调了体育，各级各类学校在开设的几门有限课程中，都设置了名为"军体课"的体育课。军体课的教学内容主要是学习解放军的常规队列、投弹、刺杀等简单动作和少量的球类、游泳等活动。1969年中苏边界冲突后，国内处于紧张的"备战"状态中，学军成为中小学生在校学习的主要内容，很多学校增加了军训时间，进行大规模的野营拉练活动，体育课完全变成了军训课。

"文化大革命"期间，在"打倒一切"口号的煽动下，无政府主义思潮在青年学生中蔓延，学校无法履行对学生进行管理和教育的职能。1967年秋季以后，这种状况有所改变，但由于无政府主义思潮的影响，学生根据兴趣选择是否上课，教师因无法组织教学而"放羊"的现象相当普遍。"军体课"既没有教学大纲和教学计划，也没有教材。大、中、小学体育教育的随意性很强，没有明确的教学目标。"军体课"成了自由活动课、球类课。在这种状态下，学校体育教育根本不可能实现教学目的和完成教学任务，因而给体育教育造成了极大的损失，学生的身体状况明显下降。如1973年至1974年，北京、天津、沈阳等城市对当地近万名中小学生进行体格检查，发现肺活量、心血管功能等指标都低于"文革"前的同龄学生水平。

虽然1968年，在大专院校工人宣传队和解放军宣传队进驻学校后，秩序有所好转，但除进行一些军训活动以外，并没有恢复正常的教学状态。1970年6月中共中央批转《北京大学、清华大学关于招生（试点）的请示报告》，课程设置有"以备战为内容的军事体育课"。因此，在1972年以后相继恢复招生的大专院校都设置了军体课。各级学校的教学秩序逐渐走上正轨，"军体课"也正式排入课程表。军体课教学内容有球类、田径、体操和游泳等，以及"军体拳"、投手榴弹、越野登山、射击等内容。1973年，国家体委试行《国家体育锻炼标准》和推广第五套儿童广播操，学校"军体课"以锻炼达标为主要内容，军训式的教学逐渐减少，学校体育教学逐渐正常。同时，学校课外活动也围绕《国家体育锻炼标准》来组织进行。直到20世纪80年代初，"军体课"才更名为"体育课"。

2. 劳动代替体育

在1967年的"复课闹革命"中,学校体育教育除以军训为主要内容以外,以劳动课替代体育课,也是当时中小学较为普遍的现象。很多学校往往利用体育课的时间组织"学工""学农"活动。这一现象产生的原因可能有三点:一是不少学校因场地设施遭到严重破坏而不能正常进行体育教学;二是许多体育教师因惧怕教学内容与被批判的"资产阶级体育""修正主义体育"沾边而不敢上课;三是一些学校缺少符合"军训"要求的教员因而只能以劳动代替体育。特别是农村中小学体育课,由于师资和器材的限制,上课大多徒有其名,有的利用"军体课"时间进行劳动,城镇中学则用"军体课"来"学工""学农"。

综上所述,新中国成立到"文革"结束这段时期,学校教育经历了曲折发展,从开始借鉴苏联的教育模式,发展到后来的主动变革,再到停滞和瘫痪状态。学校体育作为国家培养人才的重要手段,在此期间同样受到了社会变革的影响。在向苏联学习的时期,我国实现了从"旧"体育到"新"体育的转变,学校体育担负着培养社会主义生产者、建设者的教育使命,加强了建设新中国和实现共产主义的信念。这一时期的学校体育思政目标极具政治色彩,主要表现为对学生革命精神的培养。"文革"开始后,由于社会及教育大环境的变化,学校体育也几近停滞,对学生思想品德的要求也具有那段时期的时代特点。

四、改革开放探索时期

改革开放以来,体育事业经过拨乱反正迅速恢复发展,我国大中小学体育在政治稳定、经济发展、人民生活水平提高的大好形势下,逐渐走向完善、走向成熟。从我国政府制定的一系列体育教学大纲及体育工作条例中,可以看出新时期学校体育越来越适应社会发展和学生个体全面发展的需求。

(一)初步恢复时期

党的十一届三中全会的方针政策指引我国社会主义建设进入新的历史时期,也给学校体育发展带来了新的转机。教育部于1978年重新编定的《体育教学大纲》、历史性的"扬州会议""西安会议",以及所颁发的《学校体育卫生工作暂行规定》《国家体育锻炼标准》《全国普通高等学校体育课程教学指导纲要》等文件,不仅促使学校体育得到强化、教学制度得到健全,也激发了学校体育新的活力,体育教育对学生思想品质的影响也得到了进一步关注。

1978年3月,教育部颁发了《全日制十年制学校小学体育教学大纲(试行草案)》和《全日制十年制学校中学体育教学大纲(试行草案)》,重申了"以有利于增强学生体质为基本原则"。中小学体育的主要任务是增强学生体质,在安排体育教材时,打破了以运动竞赛为中心的编排体系,采用了发展人体基本活动能力为主,兼顾运动项目的分类方法。这样做的目的是选择锻炼身体效果好又方便教学的运动项目,既避免了混淆学校体育和竞技体育的性质,又能够实现学校体育教学面向全体学生的基本要求,并且规定了思想品德的目标是教育学生要厚植爱国主义精神,养成自觉锻炼身体的习惯和培养革命精神。

1979年10月5日,教育部和国家体委联合下发了《高等学校体育工作暂行规定》和《中、小学体育工作暂行规定》,要求各级各类学校要把增强学生体质和提高学生健康水平作为学校体育的主要目标。这组文件是对学校体育卫生工作规律的科学总结,也是开展学校体育卫生工作的主要依据。从1982年至1985年,落实上述两个规定的全国性检查工作普遍在各省展开,对于学校体育工作全面规范地开展起到了强有力的推动作用。学校体育工作的各项规章制度普遍建立起来,体育教学、课余训练、课外活动、推行体育锻炼标准等各项工作均取得了突出的成效。1985年以来,教育改革不断深化,思想不断解放。在学校体育功能的认识上,突破了单纯的生物学观点,树立了生物、心理、社会的多维的体育观。各种先进的体育思想不断涌现,出现了百家争鸣、百花齐放的新局面。尤其是对于自然体育思想、终身体育思想、快乐体育思想等,能根据我国国情,将其先进的、精华的部分不断地采纳吸收,使学校体育教学观念发生显著变化,教学改革持续开展。各种教学模式、教学组织形式及教学方法不断推陈出新,教学质量不断提高,学生的体质得到明显增强,学校体育出现了前所未有的繁荣局面。

随着学校体育改革的不断推进,体育教学观念也发生了转变。学校体育的目标不再局限于增强体质、促进健康,而是开始关注学生个体的多维度发展。在思想品质教育上,提出要培养学生自觉锻炼的习惯,增强为祖国而锻炼的责任;注重学生的个性发展和意志品质的塑造,提高创造力;形成良好的思想作风;提升审美能力和文明行为。可见,这个时期对学生思想品质的发展要求越来越具体化,对培养情感意识、塑造良好品质、养成良好作风、形成良好行为等都开始有了积极的关注。

(二)改革与探索时期

1987年1月,国家教委颁发了《全日制小学体育教学大纲(六年制)》和《全日制中学体育教学大纲(六年制)》,这使体育教学的目的和任务更加规范化和系统化,更好地反映了体育教学任务的基本内涵。根据"终身体育"等新的教育思想,大纲首次在体育教学的基本任务中提出了"使学生懂得锻炼身体的基本原理和独立进行科学锻炼身体的方法,以适应终身锻炼身体和生活娱乐的需要"以及"发展学生个性"等要求。1990年3月12日,经国务院批准颁发了《学校体育工作条例》,从而使我国学校体育工作开设真正进入法制化轨道。为了保证该条例得到更好的实施,国家教委还分别制定了大、中、小学生体育合格标准。自1992年起,在全国九省试行初中毕业生升学体育考试,在试行成功的基础上,1998年在全国试行。1992年11月,国家教委颁发的《九年制义务教育全日制小学体育教学大纲》和《九年制义务教育全日制中学体育教学大纲》对体育在促进社会适应能力方面有了新的要求,两个大纲均强调了"增强学生对外界环境的适应能力""培养文明行为"的重要性,并且中学大纲更注重社会责任感的培养,而小学大纲更侧重于基础行为习惯的养成,这些内容都拓宽了体育教学思想品质教育的内涵。

1993年,国务院颁发的《中国教育改革和发展纲要》提出了中小学要由应试教育转向全面提高国民素质的思想,体育教育受到了广大体育工作者的更多重视。强调体育增进身心健康、增强社会适应能力、获得知识与技能的功能,以人为本、"健康第一"的指导思想在社会上达成共识。我国学校体育在改革与探索中正逐渐走向成熟、走向完善。

(三) 深入改革与不断发展时期

1996年12月,国家教委体育与卫生艺术司颁发了《全日制普通高级中学体育教学大纲(供试验用)》,强调"增进学生身心健康",把增进学生的心理健康明确为体育教学的目的,强调体育教学要掌握必要的知识技能,"为终身体育奠定基础",强调积极参加体育锻炼是学生的"社会责任",以及"发展学生个性,培养学生竞争意识、创新、合作和应变能力"。1999年6月,党中央、国务院召开了第三次全国教育工作会议,颁发了《关于深化教育改革,全面推进素质教育的决定》,强调健康体魄是青少年为祖国和人民服务的前提,是中华民族旺盛生命力的体现。

随后又连续颁发了《九年义务教育全日制小学体育与健康教学大纲(试用修订版)》《九年义务教育全日制初级中学体育与健康教学大纲(试用修订版)》《全日制普通高级中学体育与健康教学大纲(试用修订版)》,其中《全日制普通高级中学体育与健康教学大纲(试用修订版)》的主要特点是构建了课程内容的指导思想,它指出:"以'健康第一'作为指导思想,以学生为主体,充分发挥体育与健康学科教育的综合功能,落实素质教育的要求,提高学生的综合素质,增强学生体质,促进学生的身心发展。"并明确了体育教学的总目标为"全面锻炼身体,增进学生身心健康","掌握体育与健康的基础知识、基本技能,提高学生的体育与健康的意识和能力,为终身体育奠定基础","对学生进行体育价值观和思想品德教育"。

同时,我国新一轮的体育课程与教学改革自2001年秋季开始试验,《体育与健康课程标准》陆续在全国中小学体育教学中实施。此次体育课程与教学改革,力度之大、影响之深远,是前所未有的。

2002年,教育部和国家体育总局联合颁布的《学生体质健康标准》开始在全国大部分学校实施,进一步落实了"健康第一"的指导思想。《学生体质健康标准》试行以来,各地认真组织落实,取得了很好的经验。教育部、国家体育总局在认真总结试行工作的基础上,根据新的形势对《学生体质健康标准》进行了修改和完善,于2007年4月正式颁布了《国家学生体质健康标准》。

从1979年至2004年,国家体委、民委、教育部和卫生部共同领导和组织了全国16个省、市青少儿体质调查,调查发现中小学生的部分身体素质,如爆发力、力量等指标,尤其是耐力指标连续下滑了25年,中小学生的体能低下,甚至在一般学生中很难招到身体条件符合要求的新兵。为了尽快遏制中小学生体能素质持续下降的趋势,有效地提高中小学生的体质健康水平,教育部于2005年9月19日下发了《教育部关于落实保证中小学生每天体育活动时间的意见》,这是国家教育行政部门就保证落实学生每天一小时体育活动下发的力度最大、规定最具体、要求最明确的一份文件。国务委员陈至立批示:"此件很好,要狠抓落实,并加强督察。"在此基础上,2006年12月23日,教育部与国家体育总局在北京共同召开了新中国成立以来的第一次全国学校体育工作会议。陈至立同志在会议上发表了重要讲话,她指出:"学校体育工作是教育工作的大事,也是体育工作的大事。从事教育工作,必须重视体育;从事体育工作,也必须重视学校教育。"这次会议十分重要,是我们在新世纪新阶段全面加强学校体育工作、提高青少年健康素质的重大举措。会议要求各级教育行政部门和学校,要把学校体育工作作为全面推进素质教育的重要切入点和突破口;宣布启动由教育部、国家体育总局、共青团中央共同组织与发动的全国亿万学生阳光体育运动;还下发了《教育部、国家体育总局关于进一步加强学校体育工作,切实提高学生健康素质的意见》。这次会议的召开,充分体现了党中央、国务院对广大青少年学生身心健康和学校体育工作的高度重视,对推动学校体育的改革与发展具有十分重要而深远的意义。从2007年开始,教育部、国家体育总局、共青团中央共同决定,在全国深入开展"阳光体育运动",掀起亿万学生体育锻炼的热潮。

2008年,中国举办了第28届奥运会,这一重大赛事对我国学生体育发展起到了积极的促进作用。学生的体育教育得到新的提升,特别是在宣传奥运精神、体育文化等方面的建设得到大力加强,使广大师生对体育精神有了更加深刻的理解。2011年,教育部颁布了新的《体育与健康课程标准》,其中的《全日制义务教育普通高级中学体育(1~6年级)体育与健康(7~12年级)课程标准(实验稿)》突出强调要尊重教师和学生对教学内容的选择性,注重教学评价的多样性,使课程有利于激发学生的运动兴趣,养成坚持体育锻炼的习惯,形成勇敢顽强和坚韧不拔的意志品质,促进学生在身体、心理和社会适应能力等方面健康、和谐地发展,从而为提高国民的整体健康水平发挥重要作用。

2012年,党的十八大首次将"立德树人"作为学校教育的根本任务。2013年12月,中共中央印发《关于培育和践行社会主义核心价值观的意见》,从国家、社会、个人三个层面对社会主义核心价值观的基本内容进行概述。2016年,国务院办公厅发布的《关于强化学校体育促进学生身心健康全面发展的意见》中指出,健全学生的人格,将社会主义核心价值观融入体育课程中,发挥体育的综合作用。同年12月,关于"课程思政"的改革开始推行。党的十九大做出了中国特色社会主义进入了新时代的重大判断。学校体育工作也进入了新的历史时期和发展阶段。对于新时代的学校体育发展而言,不仅要强调学生体育技能与健康知识的培养,更要重视体育在促进学生健全人格、意志品质、责任意识、公平正义等体育品德养成上的育人价值。

2020年,中共中央办公厅、国务院办公厅印发了《关于全面加强和改进新时代学校体育工作的意见》,指出要加强体育课程和体育教材体系建设,在学校体育的育人过程中更加强调对社会主义核心价值观的融入,更加注重培养学生的爱国主义、集体主义、社会主义精神和奋发向上、顽强拼搏的意志品质。新时代的体育更加强调德育的重要性,坚持把立德树人、提高学生的核心素养作为教学的主要着力点。围绕着培养"全面发展的人"的问题,充分体现学校体育强健学生体魄、厚植爱国主义情怀、锤炼顽强拼搏的意志品质、培养昂扬的奋斗精神的精神价值。2021年8月,教育部等五部门发布《关于全面加强和改进新时代学校卫生与健康教育工作的意见》,着重提出要提升学生在健康观念、健康知识、健康方法、健康管理能力等方面的健康素养,并增加体育锻炼的时间。同年,教育部体育卫生与艺术教育司发布《深化体教融合加强学校体育工作着力提升学生体质健康水平》,对发展体育运动、增加体育场所、提升教师职业水平等方面都作出了明确规定，这也为我国进一步发展体育事业奠定了制度基础。可见，随着我国学校体育建设工作的不断创新与完善，也助推了学校体育课程思政的发展与丰富，体育在强健学生体魄、满足学生健康需求的同时，也开始把学生思想品德培养放在第一位，帮助学生坚定共产主义理想信念，使之能够为实现中华民族伟大复兴的中国梦而奋斗。

纵观我国近现代学校体育百余年的发展历史，不难看出，学校体育的兴衰与社会、政治、经济、教育的发展基本是同步的。由于在不同的历史阶段受政治、社会环境与经济发展水平的制约，其发展是艰难曲折的，发展速度也是不平衡的。总的说来，新中国成立以前的学校体育尚未形成一个完整的学科体系，属于萌发阶段。新中国成立以后，经过几代人的共同努力，学校体育已形成了独立的完整体系。

同样，不同时期的体育思想品德教育内容也体现着不同社会对身体的期望、教化与塑造。通过对近代以来的体育教材、教学大纲、课程标准、相关文件等内容进行梳理，可以发现每个时期的体育教学过程中，都存在符合当时发展所需的思想品德教育内容。自学校体育进入改革开放探索阶段以来，学校体育不断从单一走向多元，从关注增强体质走向关注发展个体的全面健康，从关注社会与学生需要的平衡走向关注学生体育运动的内在动机。体育教学中思想品德教育的内容更加趋向于关注学生本身，也更加强调学生的身心发展，注重对学生在体育中各项能力的培养和健康生活的养成，使学生在体育锻炼中获得强健的体魄，感受体育带来的身心愉悦。

总之，学校体育作为教育过程中最重要的一部分，承载着培养社会所需人才的任务。随着时代的更迭，不同历史阶段对人才的培养要求不尽相同，但在教育的过程中始终贯穿思想品德教育的内容，始终离不开对国家、社会及个体的关注。

第二节 学校体育课程思政的当代价值

一、课程思政的当代价值

当代课程思政理念是为实现"立德树人"教育宗旨而提出的教育观、课程观。它对全面提高学校思想政治教育工作，落实教书育人主体责任，系统规划课程育人路径,培养德才兼备、全面发展的人才都具有重要的现实意义和价值。

(一) 课程思政是新思想政治教育观的重要体现

德国教育家赫尔巴特指出,教学如果没有进行道德教育,只是一种没有目的的手段,道德教育如果没有教学,就是一种失去了手段的目的。美国教育家杜威认为,应致力于改变简单的、粗暴的、直接性的德育方法,采取渗透到各学科和整个学校生活中的间接性德育方法。课程思政不仅体现了这一教育观点,而且结合中国特色社会主义对人才的培养需求,倡导将知识传授与思想政治教育相融合,形成新的育人模式。具体而言,一方面,课程思政实现了知识传授与思想政治教育的融入。各个学科、各类课程的育人功能依托其学科领域知识与实践方法的积蕴,将价值引领融会贯通于相应的学科知识传授,实现了知识传授与价值引领的育人功能。不同学科知识、理论和方法的引入,将在更深、更广层次上突破传统思想政治教育理念的局限性,逐步摆脱单向灌输等传统教育方式的路径依赖,不断增进内容的知识性、学理性以及方法的多样性,从而形成更为科学、系统的思想政治教育体系,实现人的全面发展需求。另一方面,课程思政有助于各级各类学校思想政治教育内涵和外延的丰富与拓展。课程思政将不同学科课程进行功能整合,使其融入思想政治教育的总体格局,这就极大地拓展了思想政治教育的内涵体系,使思想政治教育不再局限于思想政治理论课,而是拓展至所有课程,思想政治教育的内涵由此得以丰富,其教育吸引力和感染力也必将得以提升。

(二) 课程思政能落实立德树人的教育宗旨

课程思政的实施,有助于推动思想政治教育的现代化转型,促进各级各类学校思想政治教育的发展。在"立德树人"的导向下,推进课程思政的教育教学改革,需要从学科、教材、教学、管理等方面做好规划和引导。首先,从学科上而言,课程思政要重视各学科的协同育人功能。过去,在学科教学中,教师往往注重对学生科学和文化知识的传授,而忽视了对学生科学精神、人文精神的培养,这种片面的培养对学生形成正确的世界观、人生观、价值观都产生了或多或少的负面效应,使得一些学习成绩优秀的学生变成了精致的利己主义者,这些人善于利用各种体制达到自己的目的,为了使自己得到最高利益可以突破道德底线和原则。这种现象的产生正说明各学科在教学过程中开展的思想品德教育是远远不够的,需要进一步强化课程思政。其次,从教材而言,应加强教材编审,推进教材体系的改革。2022年,人教版"毒插画"事件上了热搜,引起了社会的广泛关注,面对激烈的社会舆论,国家对此事件进行了严格的审查,依法依规处理了27个涉案人员。

从这件事情可以看出，教材是青少年教育至关重要的载体，教材要充分适应中国国情和社会发展实际，符合社会主义核心价值观，这样才能实现育人功能。再次，在教学上，要明确各个学科、各类课程所应承担的思想教育和价值引领内容，要以课程思政为导向，制定清晰明确的教学大纲和教学指南，在尊重各类课程的差异性和独特性的基础上，吸收和借鉴思想政治课程的教育经验。同时，在管理上，加强课堂管理和课外管理相结合，在课堂上利用多种学习方式加强学生对思政内容的理解，在课外实践活动中，引导学生通过实践深化对知识的理解和价值认同，完成价值内化。

（三）课程思政是培养德才兼备人才的必要条件

从现实性而言，课程思政是一种整体性的课程观，有助于突破思想政治理论教育集中于思想政治理论课的瓶颈，缓解思想政治理论课"孤岛化"的现实困境。课程思政以育人为核心目标，具有贯通不同学科和课程的功能，使各学科课程都能真正参与学校育人工作，体现育人价值。通过各学科的课程思政可以引导学生思考和探索人生意义、价值、责任等，有助于学生树立正确的世界观、人生观和价值观，形成积极向上的人生态度和正确的价值观念。同时，可以增强学生的社会责任感和公民意识。例如，可以根据课程内容需要适当引入社会热点问题、时事政治等内容，引导学生关注社会发展和国家建设，增强学生的社会责任感和公民意识，培养学生的爱国主义精神和民族自豪感。还有，课程思政也可以提高学生的道德素质和人文素养。例如，在进行人文类课程教学过程中，可以引导学生思考和探索人性、道德、文化等方面的问题，提高学生的道德水平和社会责任感，增强学生的文化自信和人文素养。课程思政可以促进学生的全面发展。通过跨学科教学，可以引导学生思考和探索综合领域的知识和技能，拓宽学生的知识视野和思维方式，提高学生的综合素质和创新能力，促进学生的全面发展。

二、学校体育课程思政的当代价值

体育活动作为一项促进人身心健康的重要手段，可以强身健体、愉悦身心、丰富情感、增进交往，使人在工作之余放松身心，增加生活的乐趣。在学校中开设体育课，作为一门具有教育属性的课程，在帮助学生提高身体素质和运动技能的同时，也有助于通过思想引领增加学生对传统体育文化的认同感，加深学生对竞技精神的理解，坚定学生爱党爱国的理想信念。

（一）体育文化的认同与传承

中国作为世界四大文明古国之一，有着5 000多年且从未中断的历史。中国在这悠久的历史长河里，孕育了源远流长、生生不息的传统文化，其中也包括丰富多彩的多民族体育文化。自从有文字记载以来，运动休闲就成为古代中国人社会生活的一个重要方面。人们对休闲娱乐生活的基本要求也有着明确的记载，其中包括养生、歌舞、游玩、健身等。中国的先贤们对运动休闲活动提出了"乐而有节"的倡议，指出休闲娱乐要有一个限度，不可过度，如果"以酒为浆、以妄为常"，则不但不能娱乐身心，还会损身折寿，适得其反。古代中国的球类运动就有很多，比如像马球、蹴鞠、捶丸等，这些体育活动都属于球类运动。人们在球类运动中，可以展示自己高超的技艺和技巧，通过游戏或者竞争达到愉悦身心的作用。及至汉代，古代中国休闲活动进入了蓬勃发展的时期，出现了很多与节日、庆典、季节变化相关的体育休闲活动，如踏青、荡秋千、划龙舟、溜冰、抽陀螺、踢毽子等，通过文献记载发现，当时人们的技艺水平已经达到了很高程度。随着传统节日的固定化，相应的休闲活动也都保存下来，为历代人民提供了参加体育活动和观赏体育表演的大好机会。此外，中国功夫也是被世界上很多人所崇拜的运动项目，武术在中国也被称为"国术"。武术的起源最早可以追溯到原始社会，到明代迎来了武艺大发展的时期，这个时期出现了很多理论专著，为后世的传承提供了重要依据。武术讲究的"手眼身法步"对身体的协调能力能起到很好的锻炼作用，同时武术也注重对习武之人武德的培养，即对人格的锤炼、品质的熏染。目前，武术作为中国传统体育项目，是我国与其他国家开展国际体育交流的重要手段，有很多武术大师走出国门，把武术和武术文化带到世界各地，也有很多外国友人慕名到中国嵩山少林寺习武。正如我国著名作家鲁迅所说，只有民族的，才是世界的。我国传统体育项目及其蕴含的体育文化是我国体育事业发展中最基本、最深沉、最持久的力量，也是世界体育文化的瑰宝。学校体育在传承和发扬优秀体育文化中具有不可推卸的责任和义务。现在对传统体育项目的挖掘与学习，也是对优秀历史文化的传承。因为，每一项传统体育项目背后都有其产生的社会文化背景，有其独特的民族特征。体育文化传承的本身就是对学生文化自信的培养过程，可以增加学生对体育文化的认同感，使其成为优秀传统文化的宣传员，不断继承和发扬中华体育精神，体现中华民族独具特色的内在力量。

（二）竞技精神的追求与实现

以西方奥林匹克运动为代表的竞技运动，其体育文化的核心就是竞技精神。竞技精神是一种源于竞技实践的文化意识形态,它体现了运动员克服困难、挑战自我、超越自我、追求卓越的意志品质,是人类自我完善、不断成长的精神动力,对于人类社会的发展和进步有着重要的推动作用。这一竞技精神与尊重、公平、自控、勇气和坚韧等美德联系在一起就可以作为教育学生的体育课程思政内容,这里不仅蕴含着如何对待欲望、挑战、失败、成功的价值导向,而且浸润着无比重要的伦理品质。归根结底,竞技精神是一种内涵极为丰富的课程思政资源。

1. 相互尊重与相互友爱

人类由蒙昧到文明的演化轨迹,昭示着个体融于群体的历史过程。人们参与体育活动是自主选择的结果,表达了人自我提升、不断完善的愿望,在此过程中创造和赢得了生命的尊严。可见,竞技精神最大的伦理价值就在于尊重人的生命。具体地说,竞技体育中的两种生命尊重,一种谓之自我尊重或自尊,而另一种则谓之人与人之间的相互尊重。自我尊重或自尊,主要指运动员的自身修养,既要公平竞赛又要敢于冒险,成功了不藐视对手,失败了也不迁怒于人,坦然面对成败得失。由此体现出的一种运动家精神,不仅产生于文艺复兴运动后期社会发展新型人力资本追求全面素质的诉求,还缘起于早期风靡欧洲大陆的绅士品格,而这一绅士品格随着竞技体育的发展则与运动家精神一道成为绅士精神的组成部分。竞技体育为了满足社会对人的健康身体和完善人格的要求,逐渐演化为培养绅士的一种手段。运动家所具有的光明磊落、公正大度的品质被费孝通先生称颂为"人类社会赖以健全和发展的基本精神"。人与人之间相互尊重,主要指诚心诚意地宽容他人、关爱他人。竞技精神要求人们既要为自己的"团队"加油呐喊,又要为对方"团队"的精彩表现鼓掌赞赏。尽管竞技比赛有胜败之分,但是输赢只是成绩而非人格。这正如有了弱者的存在才有了强者表现的机会那样,弱者的顽强拼搏精神同样值得对手和观众尊敬,体育比赛中设立的"道德风尚奖"正是对于高尚之输家的精神的肯定。不仅如此,竞技体育的尊重和友爱还体现在"参与竞争比取得胜利更重要"的精神之中,表达了伦理追求高于竞技本身。例如,足球比赛中有一项不成文的规定,就是当一方队员负伤需要治疗时,持球方通常会将球踢出界外,等到裁判做出继续比赛的指令时,由对方球员将球踢还给持球方队员再继续比赛。正是足球场上的彼此尊重,才会有比赛过程的激烈拼抢以及对比赛结果的"和平"接受。如此求同存异的尊重和友谊正表明了运动员在赛场上是对手,而在赛场外是朋友的真诚。

2. 自由创新与公平竞争

竞技精神具有人类的自由创新与公平竞争的特质,既是自由的精神,也是人类社会公平公正意识的具体体现。自由表现为一种参赛的自由,它赋予不同国家、不同民族、不同性别、不同年龄之人共同参与竞技体育的机会。自由和平等的竞技精神鼓舞人们积极参与体育活动,表现出力争上游的精神面貌。极具西方代表性的竞技体育所向往的就是天赋人权、机会平等、相互重视、理性平等的人文诉求。欧洲文艺复兴"以人为中心代替以神为中心""人本主义"等倡导意志自由和人性解放的思想理念,使人们平等参与体育的机会和权利有了思想支撑和哲学基础,竞技体育也随之将体育活动作为追求幸福的手段。目前,世界上已有许多国家在宪法里将体育权规定为基本人权。《欧洲体育宪章》规定:"任何体育活动,无论是出于休闲的目的还是娱乐的目的,只要具有增强体质或者提高身体素质的性质,就应当通过各种适当的设施和项目,各种合格的指导者、领导者或者模范人物,在全体人民中加以维护。"我国《体育法》也有"公民的体育权利是对我国宪法中公民基本权利的部分实施"等相关内容。公民体育权利就是人们自由和平等参与体育运动的权利。自由和平等既表现为自由选择和平等参与的个人意志,也表现为国家法律赋予每一个公民的法定权利,体育运动则已经成为现代人权法理论的重要内容之一。

公平竞争是竞技精神的重要内容,一方面竞技体育的公平竞争体现在参与者的广泛性上,竞技体育比赛不设置任何与参赛无关的障碍,只承认人们因年龄、智力、身体素质等自然因素的区别,尤其在规则设置中尽量避免个体因素之外的干扰,如种族、民族、权力、金钱等因素的影响,目前世界上没有哪一种文化活动像体育运动这样具有如此的国际性,不分肤色、宗族、国别可以在全球性范围内找到共同语言。另一方面,竞技体育的公平竞争体现了体育竞赛规则面前人人平等的理念,即竞技体育比赛规则不向任何人倾斜,不因参赛者的任何特殊性而有所照顾,这里面不仅反映出了竞技精神中公平竞赛原则作为竞技体育的内在要求,还明文规定所有竞技体育参与者不能弄虚作假且必须遵守体育道德以及在同样的起点、同样的高度面前享受同样的规则。

3. 信守契约与敬畏规则

竞技体育中的契约精神充分地体现了契约自由、契约信守等原则,其中的契约自由原则体现在人们可以自由地平等地参与体育比赛。在形式上,契约自由不用签订某种协议,而表现为默示形式。当运动员报名参加比赛视之为发出合同邀约,比赛组委会认可其参赛资格即为协议承诺,而协议内容就是运动员要在比赛中遵守一切赛场规则。竞技体育在规则的指引和监管下,既能保障整个竞技过程得以顺利完成,又能确保竞技正义得以完全实现。竞技规则作为社会法规和社会规则的缩影,反映了体育活动的评价价值与理想追求。竞技规则的遵守主要依靠建立在诚信品质基础之上的参与者的自觉行为,这也培养了参与者们个人诚信的内心信念,使之不论在场内场外都能做一个信守承诺的个体。竞技体育中规则至上原则作为自由、平等、权利、秩序等价值在体育活动中的具体体现,蕴含了对人的共同价值的追求和肯定,能够唤起人们对规则的尊重和敬畏。正如昂格尔所说:"人们效忠规则是因为规则能够表达人们参与其中的共同目的,而不是靠强制事实所必然伴随的威胁。"规则以实现人的人格尊严和价值为目标,满足主体在社会生活中公平竞争的需要,通过创造良好的社会环境使人们在规则的实现中树立尊严、找回尊严和实现自身价值,这也是规则意识唤醒人们自觉地将规则秩序作为自己生活行为指南的缘故。

4. 勇于超越与不断奋斗

人类追求卓越、不断超越的体育精神既是一种动力更是一种价值。现代竞技追求卓越的内容包含"争取第一""力争冠军"的精神追求,而运动员受此精神的激励能够克服重重困难,坚持不懈地从事艰苦训练,参与激烈竞争,不断地突破自身的极限。美国北卡罗来纳大学的马克·罗克鲍姆与伊利诺伊大学的格尼·罗伯茨通过实验研究表明,个体对自身能力的清晰认知(自我定位)与对目标的精准设定(目标定位)是影响成功的关键心理机制。这两大要素通过激发人的主观能动性,显著提升实现目标的效率。在竞技体育中,运动员基于自我定位与目标定位,形成勇于超越和追求卓越的行为驱动力,能够在训练和比赛中全力以赴,自觉调动自身全部潜能和潜力,进行力量与智慧的较量。例如,运动员敢于挑战高、难、尖、新等复杂性技术动作,创造和发展新的运动项目。竞技赛场上的顽强拼搏是人类与自然、与社会奋斗的缩影,作为人类得以繁衍生息、长盛不衰的重要品质,顽强拼搏精神不仅体现在竞技赛场上,更是人类在面对自然灾害、社会变革等重大事件时所展现出的重要品质。正是这种精神,让人类在历史的长河中不断前行,不断超越自我,创造了辉煌的文明和成就。

总之,竞技精神作为运动队和运动员在竞技体育实践活动中发展起来的竞技文化现象,其实是社会环境、历史文化和竞技体育文化嬗变相交融的产物,它包括竞技运动中运动员的思想意识、价值观念、理想人格、行为规范和道德风貌。竞技精神又作为竞技体育文化的核心,始终引导运动员的行为方向和价值理念。竞技精神自诞生之日起,也深深地植根于人类全部精神财富的土壤之中,寄托了人类最基本、最重要的追求自我发展和社会和谐的期待和理想,并通过体育实现人的全面和谐发展。竞技体育精神以奥林匹克精神为核心,受精神主体的民族文化、竞技文化和个体品质的多重影响和作用,属于以竞技体育形式推崇竞争、奋斗、快乐的生活方式和崇高的人生哲学,而这一人生哲学延伸到社会生活中则表现为一种公平竞争、进取精神、责任担当、团结友爱等精神理念,可以支持和引导人们追求幸福生活、构建和谐社会。

(三) 厚植爱国情怀与报国之志

爱国情怀是个人或集体对自己国家最为内在情感的积极态度,能表现出民族自信心与自豪感,还能够培养自身不懈奋斗的精神。《新时代爱国主义教育实施纲要》中提到"培养社会主义建设者和接班人,首先要培养学生的爱国情怀"。可见,在学校体育课程思政中,最深层、最根本、最永恒的价值引导就是对青少年爱国主义的培养。正所谓浇花浇根、育人育心,对青少年进行爱国主义教育必不可少,意义非凡。自近代鸦片战争以来,中国国力日渐衰落,国民体质也羸弱不堪,被西方列强喻为"东亚病夫"。而当时许多有识之士提出通过体育来强种保国、救亡图存是具有一定积极意义的。这也使得中国近代学校体育自产生之日起就与国家兴衰存亡息息相关,被视为一种爱国精神的重要体现。

随着西方资本主义文化的传入,西方体育也传入了中国,奥林匹克运动慢慢被国人所知晓。中国参加奥运会的历史可以追溯到1924年。当时,中国派出了3名网球选手参加在法国巴黎举行的第八届奥运会,虽然没有获得奖牌,但却是中国奥运史上的首次亮相。1928年,中国以观察员身份参加了在荷兰阿姆斯特丹举行的第九届奥运会。1932年,中国代表团仅有一名运动员刘长春参加了在美国洛杉矶举行的第十届奥运会。1948年,中华民国政府派出了由33名男运动员组成的代表团参加了在英国伦敦举行的第十四届奥运会。由于经费紧张,运动员们甚至自带口粮参加比赛,而在比赛结束后,他们甚至没有足够的路费回国。1952年,新中国首次参加在芬兰赫尔辛基举行的第十五届奥运会,尽管没有获得奖牌,但五星红旗第一次在奥林匹克体育场上升起。此后的几十年里,中国的参与程度不断提高,1980年中国派出28名运动员参加了在苏联莫斯科举行的第二十二届奥运会,1984年中国在洛杉矶举行的第二十三届奥运会上获得了15金、8银、9铜,共计32枚奖牌,并在以后的多届奥运会上屡获佳绩。体育让中国在国际上展现出大国风采,体现了中华民族的"奋斗之勇敢精神",为了国家荣誉,为了升国旗奏国歌,体育界的前辈们历经磨难、热情不减。从新中国第一个世界冠军容国团"人生能有几回搏,此时不搏,更待何时"的铿锵誓言,到荣获五连冠的中国女排创造的"女排精神",从许海峰在1984年取得洛杉矶奥运会金牌,到中国奥运参赛团队连续多届出现在金牌榜前列,中国人民正是凭借坚定的理想与信念,一次又一次在没有硝烟的战场上奋力拼搏。新中国成立70周年之际,中国女排在第十三届世界杯上获得11连胜,成功卫冕,为祖国献上了最宝贵的贺礼。"女排精神"为广大人民群众所熟知、认可,成了爱国主义的代名词,不仅激励着一代又一代的优秀运动员,甚至激励着各行各业的优秀人才为祖国争得荣誉。

  伟大的爱国主义精神在体育领域被生动刻画。虽然每个时代都有不同的体育精神,但是爱国这个基调恒久不变。在学校体育课程思政过程中,要牢牢把握爱国主义教育这个主旋律,让爱国主义成为学生的青春底色。体育教师要起到领路作用,严于律己,给学生做好榜样,对体育课堂的每个环节精心设计,深入挖掘我国优秀运动员的爱国故事,将其合理融入课堂教学中,激发学生的爱国热情和立志成才的决心。同时,帮助学生建立自己的梦想,将爱国情怀转化为学习的动力,用实际行动来表达自身的爱国情怀,将自身的发展融入中华民族伟大复兴中。

  体育承载着国家强盛、民族振兴的梦想,体育强则中国强,国运兴则体育兴。站在新的历史起点,中国正以全新的姿态向世界展现着大国形象。体育所展现出来的强大感召力和强烈的爱国精神无不令人动容。作为新时代的青少年,要将自己的梦想与健康中国联系在一起,将个人的发展与国家的强盛联系在一起,为实现中华民族伟大复兴中国梦而不懈奋斗。

第三章

我国学校体育课程思政的理论基础

理论基础是教育存在和发展的重要依据,在学校体育中开展思政教育就要抓住教育的本质和规律。从教育的本质来看,学校体育课程思政也是有目的地培养人的活动,它以人为教育对象,通过一系列的教育内容和教育手段达到转变人的思想观念、提升人的道德品质、促进人的全面发展的目的。在此,学校体育不仅要促进个体的身心发展,也要实现对社会发展的推动作用。长久以来,古今中外的先哲圣贤们都对教育与个人、社会、国家的发展进行过激烈的讨论,形成了各自的理论学说。为了更好地开展学校体育课程思政实践改革,本研究分别从指导思想、理论根基、理论借鉴等三个层面初步探讨马克思主义人学理论、中国古代教育思想以及当代西方具身认知理论,为努力探索学校体育课程思政研究的科学性,也为后续的改革实践提供理论支撑和方法论指导。

第一节 马克思主义人学理论

德国哲学家、经济学家、社会学家卡尔·马克思是全世界无产阶级和劳动人民的革命导师和精神领袖,他在其著作中并没有明确建立完整的人学理论体系。但是,他的每部著作中都有关于"人"的各种问题的思考和研究,可以说他的一切思想理论都是围绕着"人"的问题展开的。所以,人学理论是马克思思想理论体系中不可或缺的重要组成部分。人是马克思主义哲学永恒的主题,也是一切社会活动的主要承担者和实施者。学校体育课程思政正是以马克思主义理论为基础而开展的教育实践活动,自然离不开对人的问题的探讨。因此,只有正确把握马克思主义关于人的相关理论,才能更好地探讨学校体育课程思政问题,明确学校体育课程思政的指导思想和改革方向。

一、马克思关于人的本质理论

学校体育课程思政是对人的一种教育实践,因此厘清和把握人的本质是其研究的初衷和基础。人的本质,就是关系到作为一个人,其内在的最根本的属性是什么的问题。所谓人的本质属性,是人与人、人与社会的各种关系之间反复互动的过程中逐渐形成和建立起来的。通过挖掘人的本质内涵,能够在主体性上对学校体育课程思政形成价值复归,进而推动思政教育的持续发展。马克思对人的本质认识经历了一个从萌芽、发展到成熟的历程。青年马克思受康德"人是目的"的思想影响,将人作为主体终极目的进行反思。后来,受到黑格尔"精神辩证法"的影响,他提出了自由是全部精神存在的类本质。在费尔巴哈"人本主义"思想的基础上,他又讨论了人的社会性和人的历史性。随着马克思思想的不断成熟,他在批判前人思想、把握现实历史逻辑脉络的基础上深化了自身关于人的本质问题的认识,可以从以下三个方面讨论:

(一)人的自然本质

人的生命最先表现为一种自然的物质存在,正如马克思所说"人直接地是自然的存在物"。作为一种自然的生命存在,人要生存就要遵循自然生命发展的一般规律。所以,人首先要解决基本的生存物质需求,而这些东西需要人去自然界寻找和获取。在此过程中,人不仅满足了自身的生理需求,也为自身的欲望找到了合理的价值标准和出路,自觉地建立起人化自然。人的自然生命与动物的生命具有类的本质区别,在马克思看来,"动物只是按照它所属的那个物种的尺度和需要来进行塑造,而人则懂得按照任何物种的尺度来进行生产,并且随时随地都能用内在固有的尺度来衡量对象"。可见,人是"具有自然力、生命力,是能动的自然存在物,这些力量作为天赋和才能、作为欲望存在于人身上","使自己的生命活动本身变成意志和意识的对象"。

(二)人的社会本质

马克思主义人学理论认为"人的本质不是单个人所固有的抽象物,在其现实性上,它是一切社会关系的总和"。这是因为:第一,人的主体活动总是受制于社会关系(社会发展具有继承性),而在历史上谁也不能脱离历史的继承完全从零开始,从这一点上不论是人的身体发展还是精神世界的形成,每个人在进入生活时都必然遇到既成的社会和文化环境,人们总是把前人的积累作为自己活动的基础在特定的社会中发展自己;第二,人的主体活动本质上是社会的,人是在社会关系中生活存在的,所以既成的社会关系便决定了人的本质,决定了人的主体活动存在形式;第三,人的现实本质决定于人的社会属性而不是自然属性,世界上不存在脱离社会关系的自然人,社会关系自始至终都塑造着作为社会环境产物的人;第四,社会发展总是通过各种具体形式加以实现的,人的本质也就必然具有一定的社会形式,如社会人的本质都带有阶级性。通过社会关系对人的本质的层层剖析可以看出,人是作为一切社会关系的总和而存在和发展的,并通过实践活动改造了社会物质生产条件,生产了满足自身生存所需的物质资料,也改造了社会,产生了属于人的社会关系。

(三)人的劳动本质

马克思曾指出:"一个种的整体特性、种的类特性就在于生命活动的性质,而自由的有意识的活动恰恰就是人的类特性。"在这里,马克思所说的"自由的有意识的活动"实际上就是指人的劳动实践。劳动作为人类最基本的谋生手段,是人按照自己的意愿进行改变世界的活动,它具有明确的目的性和计划性。这种劳动促进人类社会的产生,使人与动物相脱离。人类通过劳动,逐渐从猿人进化为直立行走的人,使人的身体形态更适应自然,使人的双手得到解放,变得更加灵活,为制造劳动工具创造了条件。劳动不仅改变了人的身体,也促进了人的大脑发育,在人与人的劳动交往中逐渐产生了语言、思想,使人的认识能力与智力得到了发展。同时,人类的劳动也是一种创造性活动,人们可以在遵循规律的基础上自觉调节,体现人的创造性本质,创造人需要的一切劳动产品,对自然和社会进行积极改造,这不仅是对外部世界的创新创造,也是实现人自身价值的创造。这样的劳动"已经不仅仅是谋生的手段,而且本身成了生活的第一需要"。

二、马克思关于人的需要理论

关于人的本质是需要的观点,马克思是这样论述的:"在任何情况下,个人总是从自己出发的,但由于从他们彼此不需要发生任何联系这个意义上来说他们不是唯一的,由于他们的需要即他们的本性以及他们求得满足的方式,把他们联系起来(两性关系、交换、分工),所以他们必然要发生相互关系。"可以说,这一观点是马克思对人的本质理解的进一步深化,是对人的生存状态和本质特征的深刻反映。它不仅以其特有的能动属性推动着马克思关于人的本质理论的发展,而且为实现人的解放和自我实现奠定了理论基础。

(一) 人的需要是一种生存的需要

在某种特定的社会条件下,需要被视为个体生存的方式和内在依据。人的存在是人类社会得以发展延续的前提,人作为自然的存在物,首先表现的就是对生存的需要,即对维持生命的物质生活资料的需要,这也是人最直接的生理需要。当然,这种需要是人和动物都有的共同需要,并不能代表人的属性。而能够体现人的本质的是人类为了满足自身的这种需要,可以能动地、积极地进行生产劳动,这说明人能够意识到自己的需求,并且想方设法去满足这些需求,体现了人的主观能动性,此时人的需要不再仅仅是生存的需要,更是对自身本质的把握。

(二) 人的需要是一种交往的需要

人的需要激发了人的能动创造性,使人成了能动的、主体性的人,同时人的需要也受生产力和生产关系的制约。在现实生活中,人的需要不是凭空想象出来的脱离实际的产物,而必须以现实的、社会的人作为基础。也就是说,人的需要不仅仅是个人的需要,还是一种社会关系的反映,即人的需要通过一定的社会劳动使人们建立了一定的社会关系,这种社会关系反过来又影响着人的需要。人们在现实生活中从事什么样的生产劳动,有什么样的生产关系,处于什么样的生活状态,都决定着他们的具体需要。在这种情况下,人们如果按照自己所擅长的领域进行创造来满足个体需要显然是不够的,所以,必须通过一定的社会交往产生相互交换,将属于个人的劳动成果转换为具有社会属性的劳动成果,从而满足人的各方面需求。所以,我们可以从人的需要状况看到人在一定社会关系下的生产劳动状况,它是社会关系状况和生产劳动状况的共同体现。而人类正是在这样一个不断发展的满足自身需要的实践活动中逐渐实现了人的解放和自我发展。

三、马克思关于人的全面发展理论

人的全面发展是对人的本质的规定。在马克思看来,"人的全面发展"是实现每个人的发展,实现个体的发展,而不是群体的、社会的或是类的发展,这里的"人"指的仅仅是个人。而实现每一个人的发展又取决于他在一切社会关系中的发展,也就是说,人的发展依赖于他所处的社会形态。

从历史上看,人类社会发展是由低级到高级、由简单到复杂的变化过程,马克思认为:"人的依赖关系(起初完全是自然发生的)是最初的社会形态,在这种形态下,人的生产能力只是在狭窄范围内和孤立的地点上发展着。以物的依赖性为基础的人的独立性是第二大形态,在这种形态下,才形成普遍的社会物质交换、全面的关系、多方面需求以及全面的能力的体系。建立在个人全面发展和他们共同的、社会的生产能力成为他们的社会财富这一基础上的自由个性,是第三个阶段。第二个阶段为第三个阶段创造条件。"

第一阶段:前资本主义社会以人的依赖关系为主的社会阶段

人类初始处于一个以各种群体纽带为依托的非独立发展阶段,即包括前资本主义各社会阶段在内的漫长时期,而这一时期科学技术不发达、生产力水平低下、产品数量极为有限,分工从自然分工发展到农业、手工业和商业等部门间的社会分工,总体上仍然呈粗线条状,社会生产领域狭窄、交往极不发达,经济以农业和手工业等自然经济为基础,发生着人和自然之间的物质变换。在人类的非独立发展阶段,人们的劳动对象主要是土地,在土地上进行着小规模粗陋的生产,由此结成的社会组织主要以家庭、氏族、部落、村社、庄园为基本单位。在生产过程中生产者参与生产全过程,采用自产自足的生产方式,生产什么和生产多少都根据自己的生活需要,在此基础上还要"靠天吃饭",很大程度上受到自然条件的约束。因而这一时期的生产劳动特点可以归纳为三点:第一点,生产均以既定社会组织为前提,而这类组织基本上又是自然发生的,其生产组织与血缘组织基本重合;第二点,再生产的过程是封闭进行的;第三点,生产和消费是直接统一的。正如马克思所指出:"经济条件的全部或绝大部分,还是在本经济单位中生产的,并直接从本经济单位的总产品中得到补偿和再生产。"

由于这一时期的生产劳动特点使得人们"画地为牢",终生被束缚在不能移动的土地上,被束缚在所有权分配的社会等级内,使之产生了对自身能力的不信任、对血缘和社会等级的依赖以及对自然的畏惧,由此萌生了远古代时代的图腾崇拜、神灵崇拜。所以,这一时期,人与人之间的关系表现为"直接的相互依赖关系"。当然,这种"人的依赖关系"并非指人完全脱离了对物的依赖,而是指人们建立社会联系的一种方式。正是这种社会联系方式使得人们构成了这样或那样的群体,个人依附于这些特殊群体之中,以群体的分子或成员身份存在和发展,而不是作为具有独立社会地位的个人进行活动,人一旦离开了群体就可能难以生存以至于被弃尸荒野。这一阶段的人具有个人意义上的非独立性,其发展受所属群体的整体地位和状况制约。人的发展的规定性"表现为人的限制即个人受他人限制",各群体的地位则由既定的社会关系体系明确规定,而留给个人自由发展的余地就小多了。个人只能作为群体中的一员,以群体为中介与自然与社会发生联系,作为个体的人只能把命运的决定权交给群体,由群体或群体人格化的统治者来支配自己。

第二阶段：资本主义社会以物的依赖性为基础的社会阶段

随着社会生产力的不断发展和生产技术的不断进步,社会分工越来越细,人的直接劳动构成了财富源泉,生产者也拥有了一定意义上的独立自主权。在此基础上,人们生产的产品除了自身消费以外有了剩余,物质生产摆脱了个人的直接需要,变为以交换为目的的生产活动。"不管活动采取怎样的个人的表现形式,也不管这种活动的产品具有怎样的特性,活动和这种活动的产品都是交换价值,即一切个性、一切特性都已被否定和消灭的一种一般的东西。"

马克思认为,这一阶段主要与资本主义的社会阶段相对应,并受资本主义的社会关系体系、商品经济形式以及生产力发展水平所制约。资本主义经济形式的产生,使人原有的"依赖纽带、血统差别、教育差别等事实上都被打破了、被粉碎了……自由地互相接触并在这种自由中互相交换"。人不再是以附属于血缘限制、宗法等级等某一群体所特有的身份来维持自身的生存和发展,而是以独立的个人身份来安排和决定自己的生活和活动,这一为自己利益服务的生活和活动正是马克思所说的"人的独立性"。然而,这时的"人的独立性"并不是真正的独立,而是"以物的依赖性为基础的",因为"一切产品和活动转化为交换价值,既要以生产中人的一切固定的依赖关系的解体为前提,又要以生产者互相之间的全面的依赖为前提"。

人们在分工和交换的社会里,必须用一种表现相互交换其劳动成果的交换价值方式构成彼此之间的联系,而这种"活动的社会性正如产品的社会形式以及个人对生产的参与那样,在这里表现为对个人是异己的东西、表现为物的东西……在交换价值上人的社会关系转化为物的社会关系,人的能力转化为物的能力"。社会成员个体之间的联系形式由人与人之间直接的相互依赖关系发展为以物为中介的人与人的间接依赖关系,也就是表现为社会关系的物品化、客体化,甚至可以把人与人之间的一切关系简化为代表劳动产品的货币的交换关系。由此一来人被完全地孤立了,活动和产品的普遍交换成为人生存的条件,人屈从于物的统治,而在这种物的依赖关系中,人的发展仍然不能获得真正的自由,个性发展不能得到真正的实现。此时,人的发展呈现出一种矛盾状态,一方面,人的发展通过全面的、以个人身份进行的交往关系建立总体上出现了广泛的可能性,人的能力也在总体上获得了广泛拓展,形成了"全面的能力的体系",而这种"全面的能力的体系"是与生产力在机器大工业阶段取得的巨大进步相一致的。另一方面,人同自己的劳动成果之间的异化、人同自己的活动之间的异化、人同自己的"类本质"以及同他人之间的异化严重地阻碍了人的发展。人们既要积极地进行着创造性实践活动超越当前条件限制,按照"真我"原则规范自身获得能力的全面提高以实现自我价值,也要使人的有限生命主体以追求幸福和物质利益为原则,以最大限度地满足人的利益的多方面需要。人的发展的这种矛盾状态表面上看是一种退步而实际上却是一种进步,这正像马克思所指出的那样,"这种物的联系比单个人之间没有联系要好,或者比只是以自然血缘关系和统治服从关系为基础的地方性联系要好……在个人创造出他们自己的社会联系之前,他们不可能把这种社会联系置于自己支配之下"。

第三阶段:共产主义社会以人的自由个性全面发展为主的社会阶段

在未来社会,随着生产力水平不断提高、商品经济社会不断发展,人们追求剩余价值的冲动驱使生产过程不断实现高度的自动化、智能化,一切生活必需品都将生产得更多,劳动者的社会分工将逐渐消失,劳动将由谋生的手段转变为生活目的,谋生性质的劳动将转变为自由劳动。这样一来,每一个社会成员都能够完全自由地发展和发挥自身的全部力量和才能,而在自由劳动的基础上,社会基本经济形式将由商品经济转变为时间经济。这一社会形态特点有:一是把全面发展人的能力和对自由时间的占有作为生产目的,因为人的能力的全面发展要以充足的自由时间为基础,人可以自由支配的时间越多就越能在各方面挖掘自己的潜能达到充分自由发展;二是生产和消费达到了内在的统一,因为生产劳动本身成了生活消费,成了人们生活的第一需要,成了人的第一级消费,这意味着人们在自由生产产品的同时也消费劳动活动本身,使生产活动变成人们进行创造性活动的高级享受,达到了生产和消费的内在统一。

生产和消费内在统一的社会形态将人们带入自主社会,而自主社会的实现是以生产力的高度发展、社会主义和共产主义的社会关系体系为依托的。在马克思看来,生产力的发展既是一切社会变革的根本原因,也是人类迈向更高社会形态的物质基础。只有在物质极大丰富的基础上,以资本主义私有制为基础的雇佣劳动制度及商品经济形式才能被转化为社会主义和共产主义的社会关系体系,才能从根本上废除生产资料的私有制,消灭雇佣劳动制度,消灭阶级对立和阶级剥削,废除商品生产和货币交换,以时间经济形式代替商品经济形式,以生产资料公有制基础上的联合劳动代替雇佣劳动。当然,人们还需要进行劳动交换,这是"在共同占有和共同控制生产资料的基础上联合起来的个人所进行的自由交换",不同于资本主义商品经济条件下的"私人交换"。因为"在共同生产的基础上,劳动在交换以前就应成为一般劳动……不管他所创造的或协助创造的产品的特殊物质形式如何,他用自己的劳动所购买的不是一定的特殊产品,而是共同生产中的一定份额……他的产品不是交换价值"。人的发展正是在这样一种新型的社会关系体系中才有可能步入"自由个性"的全新阶段。

被赋予了"自由个性"的人既摆脱了"人的依赖关系"又摆脱了"物的依赖关系",从此能够得以真正地、独立地、自由地存在与发展,按照自己的个性特点自由地安排生活和活动,以便成为"自由人联合体"。在这种"联合体"中社会组织不再围绕社会分工予以分类,而是根据个人的志趣进行自由组合,人们在这一阶段可以创造出自己的社会关系并置于自己的支配之下。这种社会关系服从于人们的共同控制,通过人并且为了人而对人的本质的真正占有成为人类的发展目标,过去的那种由于阶级关系的存在而造成的发展差异和不平衡性将被克服,片面的个人、畸形化的个人等各种人的"异化"现象将被消除。人以一种全面的方式、作为一个完整的人占有自己的全面的本质,无论是人的能力的拓展还是人的需要的满足都将广泛自由地得到保证。人的自由发展、人的自由个性与人的全面发展将在相互联结中达到统一。正如马克思所说,"这种共产主义作为完成了的自然主义,等于人本主义,而作为完成了的人本主义,等于自然主义,它是人和自然之间、人和人之间的矛盾的真正解决,是存在和本质、对象化和自我确证、自由和必然、个体和类之间的抗争的真正解决。它是历史之谜的解答,而且它知道它就是这种解答。"人类社会必然会经历从"必然王国"向"自由王国"的飞跃,最终实现自我解放和发展。

综上所述,马克思的人学理论始终将人作为关注的焦点,对人的本质、人的需要、人的全面发展以辩证、唯物的视角进行阐释。而学校体育课程思政的开展离不开马克思人学理论的指导,因此只有对人的本质、人的需要、人的全面发展进行整体的把握,才能在体育教学改革中突出以人为本的教育理念,实现体育在人的自由、全面发展中的重要作用。

第二节　中国传统育人育体思想

古代中国作为世界四大文明古国之一,有着悠久的历史文化,其中对中华民族影响至深的就是"礼"文化。春秋时期,由孔子创建的儒家学派更是将"礼"作为道德标准,教育学生"克己复礼""不度于礼"。在春秋时期《左传》也有云,"太上有立德,其次有立功,其次有立言,虽久不废,此之谓不朽",直译就是最上等的不朽之人为建有高尚德行的人,其次为建树功绩的人,再次为著述文字的人。他们的这些贡献即使过了许久仍会流传于世而不会被废弃。也可以进一步理解为,人生的最高境界是树立德行,其次是建立功业,再次是著书立说,如果一个人能够在自己的生命中实现这三种能力和品质,那么他就可以建立不朽的成就,这也是中国古代学者所追求的最高人生理想和目标。可见,古人对于人的道德培养是非常重视的。当然,在中国传统教育中,不仅有对人道德的培养,也有对人健康体格的教育,这就是人们所熟知的"六艺"。

一、"六艺"的教育思想

春秋时期,孔子将西周官学中的"六艺"作为教育的主要内容,具体包括"礼、乐、射、御、书、数",其中"乐、射、御"则具有鲜明的身体教育特征。"乐"是音乐、诗歌、舞蹈等艺术形式的表达,而舞蹈与身体活动联系较为密切,有文舞和武舞两种形式。文舞以左手执龠(乐器),右手秉翟(羽毛)表演,表演文舞时,舞者动作、节奏舒缓,具有礼仪性。文舞一般用于歌颂帝王以文德治天下的功绩,是历代帝王制定并配以歌颂本朝文德和太平盛世歌词的舞蹈。武舞与文舞相对应,表演者右手持斧钺,左手拿盾牌,一般用来歌颂统治者的武功。宫廷雅乐中的武舞是古代舞蹈中刀枪剑戟的拟态舞,类似于现在的武术套路。无论是文舞还是武舞,它们对于身体素质都有一定的要求,需要经过系统的身体训练,必然涉及身体的教育内容。

"射"指射箭,它不仅包含体力、力量、技术的训练,更重视对礼仪、规范的培养,因此又称为"射礼"。《礼记》中就有孔子亲自带领学生举行射箭活动的记载,"孔子射于矍相之圃,盖观者如堵墙"。他还对弟子说,"君子无所争,必也射乎!揖让而升,下而饮。其争也君子"。可见,比起射箭的胜负结果,孔子更重视遵守立法规定的"君子之争"。射礼的比赛形式主要采用间接对抗的方式,分为大射、宾射、燕射和乡射四种。在周代,凡有祭祖祭神之事,君臣即行大射之礼,以选择可以参加祭祀的人;天子因诸侯来朝,诸侯、卿大夫因其他宾客来会而举行的射礼叫宾射;天子与群臣宴乐、休憩时举行的射礼叫燕射;乡大夫在乡里饮酒时举行的礼射叫乡射。其中乡射因是民间习射活动,所以对后世影响最大。射礼是一种综合性活动,按照射礼规定,"竞射"对抗分为两轮,第一轮以中靶多少计算成绩,第二轮要在配乐下,按音乐节奏张弓搭矢、进退周旋,做到"射节与乐声合如一"。最后,习射礼者都要跳"弓矢舞"。这种间接对抗的比赛形式,使比赛既有对抗性,也避免直接伤人,维护了等级制度和等级秩序。后来,因为射箭对体力、力量、技术的要求较高,所以不可能每个人都有能力参加射箭比赛。但射礼活动却因礼仪规定又无法取消,于是难度较大的以箭射靶活动逐渐演化为难度较小的以箭投壶活动。

"御"即驾车,是培养人驾车能力的一种军事体育项目。在春秋战国时期,人们不仅要学会射箭,而且要有驾车的能力,因为车战是中原地区重要的战争方式之一。驾车对于驾车过程中的平稳度、节奏感、技术能力以及对于君主的礼节等方面,都有较高的要求,这不仅是一项军事体育活动,更包含了重要的道德培养内容。可以说,儒家的"六艺"教育思想兼顾了学生文武方面的能力培养,对于培养"全人"有着重要的积极意义。但是,随着古代社会的不断发展,"文"的教育和"武"的教育出现了分歧,社会上也时常出现"崇文"和"尚武"的观念之争,不断影响着中国教育思想的发展。

二、重文轻武与重武轻文

从中国古代发展史来看,重文轻武和重武轻文是两种不同的立国基调,它们在国家发展和民族命运中起着至关重要的作用。崇文或是尚武都有其特殊的历史背景和社会需求,需要在具体的历史、文化和社会背景下进行分析。例如,在先秦时期,士人崇尚武勇,视其为一种高尚品质。当时的社会环境中,军士享有较高的社会地位,是大多数民众的普遍认知。每当有参军机会,他们总会积极参与,并按照身份高低依次进入行伍之中。这种风气不仅是当时社会的普遍认知,也是当时的军事需求。而且,在秦国商鞅提出"国之所以兴者,农战也"后,军事训练在国家发展中的重要性被提升到了与农业同样的高度,使得尚武之风变得更加显扬。

但是,到了汉朝,重文轻武的思想就已初见端倪,并在中国的封建社会延续了数千年。汉朝虽为中国历史上对外征伐最频繁的朝代之一,但是"独尊儒术"的统治观念还是一定程度上提升了"文"的地位。在儒家文化中,虽然孟子曾说过"劳其筋骨"是成为伟人的必要方式,但他也提出了"劳心者治人,劳力者治于人"的观点,这一观点将人的体力劳动和脑力劳动划分成了不同等级,将人的智力发展推崇到高于体力发展的地位。这也引导了后世统治阶级和普通百姓对身体教育的轻视。到了唐、宋、明、清这四个大一统朝代,为了实现统治者的"千秋万业",重轻武的观念被统治阶级所利用，以维护国家的稳定繁荣。最突出的举措就是在隋朝产生的选拔人才的考试制度——科举制。科举制的主要考试内容为儒家经典，强调对考生文化素养和知识储备的考查。由于中国古代百姓实现阶层跃迁的机会很少，所以科举考试成了读书之人获得功名的重要通道。随着科举考试的制度化，文人需要将大量的时间和精力用于背书、抄书，从"头悬梁锥刺股"的典故中就可以看出古代读书人的辛苦。长年累月的足不出户、寒窗苦读，使得读书人体质普遍偏弱，而经常从事农活等体力劳动的人则身体健硕。这就使得社会上普遍接受了一种观点，身体强壮的人往往是智力较低的人，即"四肢发达，头脑简单"。可见，这种以"崇文"为核心的人才选拔制度，使得中国上层精英阶层的男性丢失了阳刚英勇之气，也为后来清朝末年耻辱的历史埋下了伏笔。

如果说在中国古代王朝统治时期，还存在重文轻武与重武轻文的不同观点，那么到了中国近代鸦片战争以后，为了"救国图存，强种保国"，人们又赋予了"文"与"武"新的意义。在"文"方面提出了"中学为体，西学为用"，在"武"方面提出以军事体育为代表，通过军事训练，提高身体素质和军事素养，以应对外敌入侵和战争需要。这一时期，体育被赋予了救国图强的历史使命，与民族精神、国家发展息息相关。此时，资产阶级维新派提出了他们的体育教育主张，例如，康有为提出的新"六艺"，包括了礼、乐、书、数、图、枪。其中的礼，有投壶；乐，有舞蹈；枪，为练习枪法。并且，他在万木草堂办学时，对体育课也有"每间一日"的明确要求。严复提出了"鼓民力，开民智，新民德"思想，其中"鼓民力"就是"以练民筋骸，鼓民血气者也"。当然，他提出的"鼓民力"除了体力训练之外，还有对传统陋习、恶习的改造，比如吸食鸦片、女子缠足。梁启超在尚武主张中提到"体魄者，与精神有密切之关系者也。有健康强固之体魄，然后有坚忍不屈之精神"，强调身体与精神的相互作用。20世纪初，随着人们社会意识的普遍觉醒，军国民体育教育思想逐渐被接纳和采用。这一时期的军国民体育在启发民族情感、激发爱国热情、提升国家认同感上发挥了重要的作用。

三、"德智体"三育并重

19世纪末20世纪初，在中华大地上发生了两次令世界瞩目的教育大变革。第一次是废科举、兴学堂，建立近代教育制度；第二次是改革应试教育，全面推进素质教育。这两次教育大变革都是为了提高中国国民的素质和振兴中华，对加速我国社会的发展进程起到了极为深远的影响。张謇则是推动20世纪初我国教育大变革的一位功勋卓著的开拓者,他提出了德育、智育、体育三育并举的教育方针。

张謇是中国近代首先提出教育必须使学生德、智、体全面发展,教育必须与生产劳动相结合、与科学实验相结合的教育家之一。他认为:"在校不能为良好之学生,出校必不能为良好之公民。"所以,他高度重视对在校学生的教育,从各个方面严格要求。1902年,张謇在南通《师范章程改订例言》中首次提出了他的人才培养目标:"国家思想、实业知识、武备精神三者,为教育之大纲,而我邦之缺憾。师范造端教育,责任非轻,故尤兢兢于国民教育、奖励实业及师范体操以兵式为主之定章。"这种见解和当时进步报刊上所宣传的"军国民教育",在思想上是相通的,也是切中时弊的。1904年,他在为扶海垞家塾所写的章程中更加明确地使用了德、智、体三育的概念,他提出:"谋体育德育智育之本,甚于蒙养,而尤在就儿童所知,振起其受教育之兴味,使之易晓而直觉。"1914年他在《河海工程测绘养成所章程》中进一步把三育的思想上升为教育方针。其中写道,"本所教育方针如下:①注重学生道德、思想,以养成高尚之人格。②注重学生身体之健康,以养成勤勉耐劳之习惯。③教授河海工程上必须之学理技术,注重实地练习,以养成切实应用之知识"。他认为这三个方面都十分重要,缺一不可,从而正式提出了德、智、体"三育并举"的教育方针。

近代教育学家蔡元培为中国近代教育与科学事业的发展做了大量的工作,其中他的体育思想也是其学术和教育活动的一个重要方面,并表现出一定的阶段性特点。在辛亥革命以前,由于民主革命的需要,蔡元培曾竭力主张实行军国民教育,提出学堂的任务就是保国强种。他说:"今天下志士,所抵掌奋谭,为保国强种之本者,非学堂也哉。"指出"中国所以以四万万之众,而亟见侮于外国,以酿成亡国亡种之祸者",弱积所致也。所以他在1901年所作的《学堂教科论》中,已有了设置体育课程的设想。"嬉游体操,为卫生而设,生理学之支也,故附于理学。"这种想法在他任南洋公学特教班总教习时,开始付诸行动。此阶段,蔡元培的体育思想更多还是囿于军国民意识。他对学校体育认识的新变化是从1915年开始的。在《1900年以来教育之进步》的文章中,他对体育作了新的注解:"体育者,循生理上自然发达之趋势,而以有规则之人工补助之,使不致有所偏倚。又恐体操之使人拘苦也,乃采取种种游戏之方法,以无违于体育之本意者为准。"1917年,他又在《在浙江旅津公学演说词》中说:"今之言新教育者,以体育、智育、德育并重,其功效胜于旧教育什百。以言体育,旧时习惯,偏重勤习,而于身体之有妨碍与否,皆所不顾,且以身体与灵魂为二物。人之智慧学术,皆由灵魂出,故重视灵魂,而轻视身体。今经科学发明,人之智慧学术,皆由人之脑质运用之力而出,故脑力盛则智力富,身体弱则脑力衰。新教育之所以注重体操运动,实基于此。"他认为三育并重是社会发展的趋势,"任何党派,都喜欢身体强健,无有以体健为不好者"。这使他更加推崇"西洋教育,全身皆有训练,不单独注意脑部。既有体操发展全身的力量,又有图画和各种游戏,练习耳目手脚的活动能力"。所以在他任北大校长时,规定学生的课程安排中要有"修身"内容。而修身之大义,"则于卫生之道,勤勉诚实之行,皆能心知其意,而切实行之"。蔡元培在"三育并重"思想的基础上,进一步深化教育目标,提出了"五育"教育方针。"五育"指的是军国民教育、实利主义教育、公民道德教育、世界观教育和美感教育,他倡导以民主、独立和自由的精神改造国民。蔡元培在爱国女学校演说时曾指出,学校教育"欲副爱国之名称,其精神不在提倡革命,而在养成完全之人格",并认为完全人格,首在体育。体育运动不但可以锻炼身体,还能激发人的潜能,促进人精神和心理的发展,更重要的是促进德育的培养。

毛泽东同志一生热爱体育,并在其青年时期就形成了有别于传统的体育观念。1917年,他以"二十八画生"为笔名,在《新青年》杂志第3卷第2号上发表了《体育之研究》的著名论文。文章以近代科学的眼光,就体育的概念、目的、作用以及体育与德育、智育的关系,体育锻炼的原则和方法等问题,均作了详尽的讨论,闪烁着青年毛泽东的思想光辉。文章除前言外共分8节:释体育;体育在吾人之位置;前此体育之弊及吾人自处之道;体育之效;不好运动之原因;运动之方法贵少;运动应注意之项;运动一得之商榷。他在《体育之研究》中写道"体育一道,配德育与智育,而德智皆寄于体,无体是无德智也""体者,载知识之车而寓道德之舍也""体育于吾人实占第一之位置,体强壮而后学问道德之进修勇而收效远"。这些观点充分表明了毛泽东对体育的重视,他将体育置于三育之首,肯定了体育对德育、智育的促进作用。这些思想对于他今后提出的"发展体育运动,增强人民体质"为主的"新体育"精神,具有重要先导作用。

中国传统育人育体思想在"德"与"体"、"文"与"武"等文化理念的矛盾、融合中不断发展,随着社会的不断发展,人们越来越认识到身体与精神共同完善的重要性。德、智、体的全面发展不该再停留在教育的口号上,而是要切实落实在学校教育改革之中,当然也包括学校体育的课程改革。

第三节　当代西方具身认知理论

早在20世纪90年代初,在现象学哲学思想影响下认知科学发生了质的转变,提出了具身认知理论。该理论认为身体在认知塑造中起到枢轴作用和决定性意义,并且通过一系列的身体道德实验,逐步证实了"身体对道德塑造的重要作用"。而相较于其他学科,体育作为以身体活动和技能教学为主要手段的教育活动,在思想品质教育过程中必然以发展学生身体道德素养为主导,以身体对人的道德影响为逻辑基础,将抽象的道德概念转化为具体的身体实践活动,使之形成关于身体的最基本的道德能力,切实体现课程思政的具身性。因此,本研究从具身认知理论的哲学基础、具身认知理论的基本主张以及具身道德的实证研究等三个方面讨论具身认知理论作为学校体育开展课程思政理论借鉴的可行性,以期为学校体育开展课程思政建设提供一个全新的工作思路,更好地落实学校体育立德树人的根本任务。

一、具身认知的哲学基础

(一)胡塞尔的意向性思想

现象学是20世纪西方最重要和最有影响的哲学流派之一。它对20世纪初期的德国哲学和20世纪中期法国思想具有决定性的意义,影响了包括马丁·海德格尔、让-保罗·萨特、莫里斯·梅洛-庞蒂等哲学家,演变成世界性的"现象学哲学运动"。这一运动的精神甚至越出哲学,渗透进文学、美学、法学、社会学、心理学、教育学、逻辑学、经济学等极其广阔的领域。现象学这个术语最早是由18世纪德国科学家和哲学家拉姆伯特在其《新工具》一书中提出的。他主张建立一门叫作"现象学"的学科,并把它定义为关于幻觉的理论,认为现象是对实在的歪曲或掩盖,因此它只能把我们引入歧途。与拉姆伯特同时代的哲学大师康德,通过区分现象与自在之物,赋予"现象"以极为广泛的意义。不过,实际打开现象学研究之路的乃是德国哲学家哈特曼和布伦坦诺。哈特曼在《道德意识的现象学》一书中把现象学理解为对意识的一种纯描述性的研究。布伦坦诺反对康德割裂现象与自在之物的做法,主张把一切关于现象的判断都还原成对存在自身的判断;他还把中世纪经院哲学中的"意向性"概念改造成心理学的记述概念,将其作为现象学的基本概念。这些思想构成了现象学重要的理论渊源。

现象学的真正创始人是德国哲学家埃德蒙德·胡塞尔。自他于20世纪初使用"现象学"这个术语以来,现象学就成了研究哲学的方法的一个名称。现象学家们认为,现象学方法是研究哲学唯一正确的方法,现象学是迄今为止最好的哲学概括。但其他学派的哲学家则把现象学理解为现代哲学的一个流派或一种运动。由于作为现象学创始人胡塞尔的哲学思想也是不断变化发展的,所以无法用一个统一的定义来界说现象学。相比较而言,与实证主义拒斥"形而上学"不同,现象学家一般注重探讨"形而上学"问题。与分析哲学强调语言问题、侧重研究人类认识的语言形式不同,现象学家认为语言形式的深层是人的意识和实际生活,因此他们重视研究"生活世界",关心人生的意义和历史的目的。现象学家还坚决反对心理主义把理性观念和逻辑规律归结为心理要素的企图,认为哲学应该是所有科学中最高、最严密的科学,而心理学是经验科学,心理学方法是经验方法,因此不仅不可能解决认识的客观性问题,而且必然导致怀疑论和相对主义。

现象学试图悬置传统哲学中主体/客体的二元预设,既不将知识视为纯粹主观的心理建构,也不简单归因于外在客观世界。胡塞尔认为人的意识中并没有康德所谓的先天形式。胡塞尔认为,人类知识无疑是关于客观对象的知识,但同样显然的是,客观对象必须作为可经验、可体验、可认识之物"显现"给我们,我们才可能获得关于它的知识。"显现"意味着对象被给予一个置身于特定境况中的主体,因而具有主观的、相对的特征。但是,认识的客观性又要求对象应该是自在的,即不依赖于主体及其所处的特定境况。可见,在对象的自在存在与它的主观(相对的给予方式)之间存在着一个交互关系,一种相关性。从某种程度上可以说,人与外部世界之间关系的建立,实际上就是以意向性内容为中介的,人的行动也只有在意向性的指引下才能够得以进行。意向性在一定程度上意味着人的意识动作总是自然而然地指向超越自身的某个客体,它所表达的实际上是一种人与外部世界之间的动态的结构关系。胡塞尔还指出,意识还是由多种多样的行为组成的整体,它"不是单纯的前后相继,而是通过内在的意向关联被综合为统一的生活总体",这个总体也叫"意识流",其中"内藏着可能构成世界与构成精神的一切源泉"。

那么,如何来认识事物的本质呢?胡塞尔提出可以通过本质还原和先验还原两种方法:①本质还原是通过悬搁对外部世界的假设和信仰,回到纯粹的现象本身,即回到直接经验到的内容。通过对这些内容的直观描述,我们可以把握住它们的本质特征。这种方法可以帮助我们揭示出事物的本质结构和基本特征,从而达到对世界的深刻理解。②先验还原则是更进一步的过程,它通过悬搁对外部世界的假设和信仰,回到先验的主体性,即回到经验的根源和基础。这种先验的主体性是所有经验和知识的最终基础,通过对它的研究,我们可以探究知识的本质和结构,并揭示出先验的范畴和规律。但是,胡塞尔的两种还原方法过于理想化,他追求的是绝对的基础和绝对的确定性,但现实世界是复杂多变的,我们无法完全还原到最原始的、最纯粹的现象或先验的主体性。

总之,胡塞尔的意向性思想揭示了意识的本质特征和作用,为我们认识和理解人类意识和世界提供了重要的思路和方法。

(二) 海德格尔的"在世存在"基本观点

心智哲学家塞尔继承了胡塞尔的意向性观点,并在此基础上进一步发展并提出了行动的意向性理论。在塞尔看来,人的身体运动要想转变成人的行动必须满足一定的条件:第一,在整个行动的过程中,个体需要通过运动的方式对自己行动的目标来进行表征,并且这种表征是连续不断地进行的,塞尔将这一过程称为"行动中的意向"(intention in action);第二,行动中的意向与身体运动之间所具有的因果联系,必须被行为主体所清楚地认识到,这也从一个侧面表明了个体行动的经验实际上就是行动中的意向所引发的身体运动的经验。也就是说,我们的身体可以通过意向性来控制我们的肌肉和器官,从而完成各种行动。例如,当我们想要抬起手臂时,我们的意向性会控制我们的肌肉和关节,从而使手臂抬起。同样,我们的意向性也可以控制我们的面部肌肉,从而表达不同的情感,比如喜悦、悲伤、愤怒等。

海德格尔对胡塞尔和塞尔的意向性观点提出了疑问和批判。在海德格尔看来,人们在与他人或外部世界发生关系或者说建立联系时,并不总是需要一个持续不断的意向内容或是某种形式的心理表征来引导自身的行动。相反,在很多时候人们的目的性行为都是在没有明确的意识参与的情况下得以展开和进行的,如踢足球、打篮球、刷牙、驾车去办公室、在床上翻身等。人们在完成上述这些不同类型的行动时,头脑中并不总是在表征着自己即将要去做的事情,这些动作看上去更像是个体为应对所处情境而做出的某种直接的,甚至是类似于条件反射式的反应,以至于在有些时候,人们需要在完成一系列动作之后,才能够真正地意识到自己刚才究竟做了些什么。

海德格尔并没有直接地指出或者明确地说明身体在上述这些行动中所扮

的角色或所起到的作用,这是他的理论所存在的局限性,但是这却并不妨碍海德格尔对于表征理论的批判。海德格尔试图用"举止"(comportment)的概念来描述人与世界或他人沟通和联系的基本方式。在海德格尔的概念体系中,举止不仅被用来指称意识参与的目的性行为,也可以被用来说明没有明确意识参与的其他的一般行为。因此,意向性不再被仅仅归因于人的意识,人们的日常生活更不是完全依赖于精神表征或者说是在意向性内容的指导下才能够进行。

海德格尔在批判意向性观点和表征主义的同时,也进一步提出并阐述了他自己的非表征思想,"在世存在"就是这种非表征思想最为重要的体现。海德格尔在论述"在世存在"的概念时,着重强调了情境或背景在人们日常活动中的作用。在海德格尔看来,人的所有行为,无论是有计划或是无计划的,有目的或是无目的的,都是在常常不被人们自己所注意到的情境或背景之中进行的。当人们进入某一特定的情境中时,会自动地表现出与所处情境相匹配的、相适应的适当行为。例如,在参加他人葬礼的时候,没有人会面带微笑抑或是穿着鲜艳的服饰,因为这些行为和表现是与人们当前的情境或背景严重不符的。海德格尔认为人们之所以能够在某一特定情境中表出现与之相适应的行为,所凭借的既不是由概念表征所构成的信念系统,也不是对于某种逻辑规则的严格遵循,而是一种在特定背景下进行的适应活动。在海德格尔看来,相对于高层次的认知活动(表征的),低层次的感知运动(非表征的)更加具有基础性。海德格尔并没有用特定的术语来描述这种背景中人的适应活动,而是简单地将之称为"在世存在"。海德格尔所谓的"在世存在",并不是一个孤立的主体面对一个冷漠的世界,人的存在是在世界中的存在,作为主体的人同世界本身是一体的、是相互关联的。人们对于世界的认识,就是在以身体为中介的与他人或他物的互动过程中所实现的,并且在整个互动过程中,人是嵌入世界之中的,或者说是与世界结成一体的。这意味着人无法独立于世界来表征、认知世界,心智的认知活动在本质上就是一种生存活动,人就是在世存在的活动者,这便是心智或认知具身化的第一步。

综上所述,海德格尔的"在世存在"对于具身认知思想的产生和发展来说,是一个极为关键的、承上启下的中介环节。但是,海德格尔在具身认知的发展中之所以只是一个中介环节,是因为在阐述他对表征的解构和我们与事物最基本的互动方式时,没有提及身体。在《存在与时间》中,他几乎已经遭遇到肉身问题,但最终却与之失之交臂。这体现在他所提到的"上手之物"和"在手之物"这两个词上,从字面上理解它们直接指涉此在的手。因此,"手"中介了世间存在者和此在之间的存在论关系。如此明显地突出手的位置与作用,岂不已设定了此在是有手的,因而"此在"也是有肉身的。可是,由于海德格尔对此在的描述停留在"纯粹形式的层面",并没有把"自身"置入在世的处境中,由此肉身也"只是被视为一空间性的物体",而不具有"独特的存在论地位"。这也是海德格尔对身体性忽略的必然结果。

(三) 梅洛-庞蒂的知觉现象学

通过把海德格尔的"在世存在"向胡塞尔的"现象学"还原靠拢,梅洛-庞蒂最终揭示了被经验主义和理性主义知觉分析所掩盖的身体,并且将身体确定为人们知觉和行为的主体,建立起一种"身体性在世"的思想。这里的"身体性"(corporeality/Leiblich)是个非常含混的概念,它不单单指支撑着我们行动的可见和可触的躯体,也包括我们的意识和心灵,甚至包括我们的身体置身其中的环境。因此,"身体性"是一个整体的概念,它对立于任何身体/心灵、身体/物体、身体/世界、内在/外在、自为/自在、经验/先验等二元论的概念,把所有这些对立的二元全部综合起来了。这种综合的特性尤其体现在身体的两种最基本的活动,即"行为"(behavior)和"知觉"(perception)中,而这两者可以说分别是梅洛-庞蒂最早的两本著作《行为的结构》和《知觉现象学》的主题,尽管事实上它们又常常是不可分割地交织在一起的。梅洛-庞蒂知觉现象学的代表性观点体现在以下几个方面:

(1) 他反对经验主义和理性主义对人的"行为"的解读,无论是把行为归之于自在秩序还是自为秩序,这两种观点都是对行为采取一种实在论的设定,而在他看来,行为是一种"形式"或"结构",是机体与环境之间的一种辩证法,将两者纳入一个互动的结构化过程。人类的行为只有在物理秩序(自然环境)和生命秩序(生理机制)的基础上才能展开,并创造出新的场所和意义,包括我们的文化世界。没有纯粹的人类行为,任何一类行为作为结构都是一种观念和一种存在的结合,在此梅洛-庞蒂其实否定了意识或精神的独立性,即不存在超越世界的孤立的精神。

(2) 他认为行为所具有的"形式"特性只有在知觉世界才能显现。在这里知觉是一种最原初的经验,具有模糊性和不透明性,是一切科学和认识的基础。虽然梅洛-庞蒂没有给知觉下一个准确的定义,但是他反对经验主义知觉就是感觉总和的观点以及理性主义通过"注意"和"判断"来分析知觉的做法,因为不论是经验主义还是理性主义都预先假设了一个客观自在的世界,而遗忘了知觉主体。从而,"两者都不能表达知觉意识构成其对象的特殊方式,两者都与知觉保持距离,而不是参与知觉"。那么,如何才是"知觉意识构成其对象的特殊方式"呢?他认为要回到现象世界,回到知觉体验之中。任何一个被知觉的物体只有在某个背景中才能显现出来,背景构成了被知觉物的一个界域。而物体—背景作为一个整体只有相对于人才有意义。由此,他得出结论——"身体本身是图形和背景结构中的一种始终不言而喻的第三项,任何图形都是在外部空间和身体空间的双重界域上显现的。"而身体—物体—背景就构成了所谓的现象场,也即知觉场。

（3）他认为人的身体是知觉和行动的主体。无论是在西方传统哲学认识论还是第一代认知心理学研究中,人们都认为直接活动的主体是心智而非人的身体,身体只是一种生理性存在。梅洛-庞蒂则不认同上述观点,他认为人的身体不仅仅是一种生物学意义上的生理结构,它还是一个能动的机体。理由有二：一是人的身体各部分不存在纯粹的机械的物质存在以及纯粹意识的精神存在；二是身体上的任何功能都不能被严格分离,只有在身体整体活动的意义上才能够去谈论某一特定身体部位所起到的作用。为了进一步说明他的观点,他列举了一个关于大脑受损的例子。这个例子描述了一个名叫乔治的病人,他在一次事故中受伤,导致大脑左半球受到了严重的损伤。在康复期间,乔治发现他失去了右手的触觉,即使这只手在他的视线范围内,他也无法感知到它的存在。梅洛-庞蒂认为,乔治的身体失去了主体性,他的身体图式发生了改变,无法将右手纳入他的身体意象中。可见,身体主体性是连接意识与物质世界的桥梁,是知觉和理解世界的关键。身体主体性的破坏会导致身体意象的改变,从而影响个体的感知和理解。这个例子提示我们,身体不仅仅是我们的感觉器官和运动器官,更是我们感知和理解世界的关键。只有当身体具有主体性,我们才能够真正地感知和理解世界。正如梅洛-庞蒂所说的那样："身体本身就在世界中,就像心脏在机体中。身体不断地使可见的景象保持活力,内在地赋予它生命和供给它养料,与之一起形成一个系统。当我在我的寓所里走动时……我当然能在思想中俯视寓所,想象寓所,或在纸上画出寓所的平面图,但如果不通过身体的体验,我就不可能理解物体的统一性。"

（4）人的知觉具有非表征性的特征。在梅洛-庞蒂看来,知觉的非表征性是由人的身体主体的知觉活动的特点决定的。一方面,梅洛-庞蒂认为人的身体运动机能可以被理解成一种最初的或者说最为基础的意向性,它代表的是"我能……"而不是"我思……"。另一方面,身体运动机能本身就是意义生成的场所,也就是说身体运动机能不仅涉及物理动作,还涉及我们在世界中的行动和互动。通过身体运动,人们不断构建和理解周围环境的意义,同时也构建和理解自身的身份和存在。

身体运动机能的意向过程是非表征的,也就是说身体运动过程中的意向性是不需要通过符号或表征来表现的。换句话说,我们的身体运动并不仅仅是在执行某种物理活动,而且具有指向性或目的性,这种指向性是内在于身体运动的。举例子来说,当我们看到一个球滚过来,我们会自然而然地伸手去接住这个球。这个身体运动并没有经过明确的思考或推理,而是直接地、自然地指向了接球这个目标。在这个过程中,我们的身体运动机能不需要通过语言或其他符号来表达它的目的,而是直接通过运动本身来表现。再比如,我们在走路时,并不仅仅是在执行一个机械的步态循环,而是在向某个目的地前进。这种前进的意向是内在于我们的行走本身的,即使我们闭上眼睛,我们仍然能够感觉到自己是在向某个方向前进。这些例子表明,身体运动机能的意向过程是不需要通过明确的表征或符号来表现的,而是直接内在于身体运动本身。这种非表征的意向过程是身体运动机能本身所具有的内在目的性和指向性的体现,也是我们在世界中行动和理解的关键所在。

总之,梅洛-庞蒂提出了一个"具身的主体性"(embodied subjectivity)概念,人的身体可以动态地诠释环境与行为之间的辩证关系,进一步理解为人的行为在某种程度上可以被视为对所处环境的持续回应。他主张知觉的主体是身体,而身体嵌入世界之中,就像心脏嵌入身体之中,知觉、身体和世界是一个统一体。人是通过身体与世界的互动,通过身体对客观世界的作用而产生知觉和认识世界的,人以"体认"的方式知觉世界。这些观点也为具身认知理论的产生提供了哲学基础。

二、具身认知的基本主张

20世纪60年代初,受语言学、计算机科学和人工智能等学科的影响,以计算机模拟为基础的符号加工模式在心理学中占据了主导地位,而随着神经网络结构和并行加工原理的提出,联结主义模式也逐渐进入心理学家的视野。这两种模式都将心理学家的关注点转向内部心理过程,致力于探索调节行为的认知机制,因此被称为"认知主义"。此后,行为主义让位于认知主义,认知心理学成为西方心理学的主流。但是,从20世纪80年代开始,认知心理学由于过度追求实验技术,脱离日常生活,且游离于社会文化的视野之外而面临来自内部和外部的双重批评,批评的矛头直指认知心理学的核心假设。这造成了认知心理学发展上的困境,进而促成了认知心理学的反思和转向。具身认知范式就是在这样一种对传统认知观的质疑声中产生的。它强调的是,认知不是计算机那样的抽象符号运算。"具身认知的转向有着自身特有的诉求,它要超越西方认识论和心理学研究中的离身心智观念。这一转向的中心信念是:知觉、思维、隐喻的使用等其他一切相关现象与身体本身所占据的物理时空位置紧密交织在一起……这种对传统的背离有着重要意义。从这种观点来看,所谓的认知现象不再孤立于内部心理空间中,其活动方式既不独立于身体,也没有超越环境。"

(一)心智的具身性

具身认知的探讨最初是从心智具身性或具身心智(embodied mind)开始的。从本质上讲,心智或认知的具身性涉及的是心身关系。根据具身认知理论的观点,人的心智并非传统认知心理学所主张的,心智只是人的意识和思维过程,与身体毫无关系。实际上,人的心智和认知活动都与人的特定身体结构和运动感知能力相关。人们通过生理层面的身体结构与外部环境进行某种形式的互动,从而产生主体经验。这在某种程度上意味着心智活动必然带来身体的体验。瓦雷拉等人认为,人的认知有赖于认知主体经验的种类,而这些主体经验又源于具有各种感知运动能力的身体,而身体的这些感知运动能力又嵌入一个更为广泛的生物的、心理的和文化的外部情境之中。西伦等人则是从动力系统理论出发,认为"强调认知是具身的,就意味着人的心智和认知源于身体与外部环境(世界)之间的交互作用,也就是说认知依赖于各种各样的主体经验,而这些经验又产生于具有特定感知运动能力的人的身体"。

心智的具身性这个观点,实际上是把人们的心智和认知落实到人的主体经验之中,而这些主体经验的产生离不开人的身体(大脑),根植于身体以及身体与外部环境(世界)的相互作用之中。通过下面三个案例可以进一步理解上述观点:

1. 颜色的具身性

瓦雷拉、汤普森和罗施提出,人类的颜色视觉能力是人类与世界的特定属性之间一个"耦合历史"的产物。颜色视觉出自一种超出计算机能力的耦合,标准认知科学无法解释颜色视觉。颜色为认知领域提供了一个既非预先给予的也非表征的而是体验的和生成的范式。主要原因体现为以下三点:一是不存在与单一颜色体验相关联的单一的物理属性。颜色体验是三种已知的视锥细胞之间交互作用的产物。区分这三种视锥细胞的是它们对可见光谱的不同区域的敏感性,即对短、中、长波的敏感性。被知觉的颜色是这三类视锥细胞激发比例的函数。因此,对单一的颜色体验不可能推论出有关导致该体验的世界中光组合的任何结论,除了说光的构成足以决定创造绿色体验的视锥细胞的激发比例。二是颜色体验的结构取决于三种视锥细胞如何交互作用。例如,决定红色和绿色体验的是长波和中波激发比例的不同,而蓝色和黄色体验则取决于长波和中波视锥细胞激发减去短波视锥细胞激发的总量的不同。因此,视锥细胞的接线方式决定了不同颜色的产生。三是颜色视觉系统对照明中对比和变化的反应不同。例如,投影单组波长频率的表面似乎在一个时间是一种颜色而在另一时间则是另一种颜色,这是因为颜色视觉系统对对比敏感。因此,从一个表面向另一个表面移动一个色块可以改变其被体验的色调,尽管事实上它持续反射相同频率的光。另一方面,一个色块似乎可以保留单一颜色,尽管事实上在不同照明下它反射不同频率的光。比如当我们注意到在太阳慢慢落下时,围绕我们的那些表面似乎并没有改变它们的颜色的物体时,就是一种颜色恒常性的现象。

所有上述关于颜色视觉的事实表明,如果我们把颜色定位在一个独立于我们知觉能力的世界,那么我们将不能解释颜色。反之,我们必须把颜色定位于一个知觉的或体验的世界之中,这个世界是由我们结构耦合的历史引发的。确切地说,颜色出自具有特定种类和布局的专门细胞的视觉系统与某些属性之间的交互作用(耦合)。因此,颜色概念化假设,即颜色体验形成于独特的具身耦合,可以认为是正确的。此外,因为许多非人类有机体有不同特征的视觉系统,例如,鸽子或许有六种之多的视锥细胞而金鱼有四种,因此,我们期望它们"引发"的颜色世界不同于人类所体验的颜色世界。

2. 概念的隐喻性

语言学家乔治·莱考夫和哲学家马克·约翰逊对思维中隐喻作用的理解具有一定代表性。他们认为,我们身体的独特属性恰恰塑造了我们概念化和范畴化的可能性。这也揭示人的身体与人的概念范畴之间存在密切的联系。隐喻在本质上是根据某一种事物或体验来解释、说明另一种事物或体验,它是扩展理解的有效方式。鉴于人们已经理解了 A、B 和 C,那么他们能用这个知识帮助理解一些新概念或观念 D。要这么做,人们必须在一方的 A、B 和 C 与另一方的 D 之间画出联结。例如,人们对"冷淡"和"热情"的理解来源于人的身体最初对于外界温度的"冷"和"热"的感性认知,如果没有感性认识上的"冷"和"热",就无法理解"冷淡"与"热情"的抽象含义。隐喻所起到的作用并不仅仅是有助于特定抽象概念的理解,它还在某种程度上决定了概念所具有的含义,或者说至少是部分地决定了也就是说,当人们在使用某种隐喻来解释某一特定概念时,就已经将某种特定的认知结构或是思考方式施加到了这一概念之上,或者说人们在心照不宣地理解这个概念。在日常生活中,我们会发现概念的隐喻随处可见,如果不诉诸隐喻,人们就几乎无法理解它们所拥有的含义。当然,并不是所有的概念都需要借助于隐喻来进行说明,概念必须在某一时刻"探底"(即不借助于其他概念来加以解释),"探底"就需要人类心智所具有的具身性。这也说明了,人的理性并非先验的或者说超验的,并不是人在虚无缥缈中预先生成的,而是完全由人的身体及其经验来塑造和决定的。

3. 空间关系概念的具身性

一般来说,人类对于外部环境的认识是从自己的身体感知觉开始的。人的身体和外部空间的位置关系构成了人的概念体系和意义本源。事实上,人的绝大部分的推理过程都是借助于自身的空间关系概念,这些空间关系概念反复地作用于人的身体,形成了人的记忆意向,进而转变为更具抽象性的意向图示,并最终使得感性的经验结构变成了抽象的概念结构。空间关系概念所体现出的具身性,能够借助于人的知觉运动系统来加以说明。例如,表示空间关系的概念,上、下、左、右、前、后等都与人的身体密切相关,人们将上述关系投射到其他对象上,比如"上流"这个概念,可以隐喻质量等级的优良,或者较高的社会地位,这里面隐含了人们对"上"这个空间位置的身体投射。拉考夫和约翰逊也通过一个思想实验来说明空间关系概念的具身性:想象一种球形生物,它们生活在任何重力场之外,它们既不知道也无法想象任何其他种类的体验。那么"上"对这样一种生命意味着什么呢?同样,他们认为,概念"前"和"后"只对那些具有前和后的生命才有意义。如果这个星球上的所有生命是漂浮在某种媒介中并同等地感知所有方向的统一静止的球,那么它们就不会有前和后的概念。可见,身体决定了人们能够获得的空间关系概念的种类,缺少适当的身体结构是不可能发展出类似"上""下""前""后"这样的基本概念的。

(二)认知的情境性

长久以来,笛卡尔的"身心二元论"观点造成了人与外部环境(世界)之间的裂痕,这在一定程度上也影响了传统认知心理学的研究范式。在以表征计算为主要研究范式的传统认知心理学中,其理论假设为人的心智和认知是局限于人的大脑内部,独立于身体和外部环境的,甚至于机器都有可能与人类具有相同的智能,因此就不用去考虑情景因素对人的心智和认知的影响。然而,实际上作为认知主体的身体是嵌入世界的，人们的实时行为和进化的过程都会受到所处环境的束缚。人的认知不仅仅是大脑内部的事情，大脑外部的相关情景因素同样对人的认知产生重要的影响。具身认知理论提出的"认知是情境性"的观点，反驳了传统认知理论，认为人的认知总是发生于特定的情境之中，或者说人的大多数认知活动都可以看作与外部情景有着直接或间接的关系。在此处的认知情境，既包括人的认知或行为发生时认知主体所处于的基本环境，也包括环境（世界）中所涉及的物质工具、相关设备等。据相关研究发现，环境因素不仅是一个影响有机体的特定的因素，还可以决定一个有机体做出怎样的目标导向行为。比如在一个心理学实验中，要求被试提到一些名人的名字，并表明自己对这些名人是喜爱、不喜爱或者中立。同时在提名任务的过程中，诱导被试做出一些趋近的动作或者逃避的动作。结果显示，在提名任务中做出趋近动作的被试更能提取他们喜欢的名人的名字。相反，做出逃避动作的被试则记起了更多他们不喜欢的名人的名字。同样，还可以通过操控被试推拉杠杆的动作来测量其对积极、消极词汇的影响。研究表明，词语的加工与词语效价、行为反应的相容性之间存在很明确的关系。这充分说明当人们知道或了解环境中的某些信息时，就会使这些信息上升到心智（意识）层面，在外部的环境（世界）之间和内部的心智（意识）建立起某种形式的密切联系，从而影响人们的判断结果。可见，具身认知理论对认知情景性的理解，突破了传统认知心理学仅仅以内部逻辑符号来表征外部环境信息的局限性，而是在具体的、特定的情境中考察人的心智和认知，这对于解决其他现实问题有着重要的理论意义和实践价值。

当然，对于人类来说，仅仅认识到在自然环境中的行为互动对于认知的作用是不够的，还需要把这种互动置于更宽阔的社会和文化情境中，体现为一种更为复杂的认知策略。例如，文化环境为认知提供了社会规则、语言和概念等文化资源，因此，在商业交往中人们需要遵循一定的社会规则，如礼貌、诚信等，理解和运用商业语言和概念，如价格、货币等，才能完成商业交易。这些文化资源都是基于特定的文化环境而形成的，只有在这样具体的文化环境中，认知主体的行为才具有意义。

（三）认知的动力学特点

在具身认知的研究过程中，认知动力学方法和理论框架逐渐得到认知科学家的广泛注意，成为一种新的研究范式。动力学系统理论是数学研究的一部分，主要利用微分和差分方程来描述和研究系统如何随时间而发生变化的复杂的动态演变过程。而认知动力学理论研究就是将动力学系统理论作为认知科学研究的重要理论工具,强调用一种非线性的动态突现模型来取代传统认知理论所倡导的表征计算模型。实际上,认知动力学理论是从一种系统论的视角,观察人的认知活动,认为人的认知活动不是单一、孤立事件,而是由多种因素相互作用、共同影响的系统性事件。从认知动力学理论来看,人的认知活动表现为以下几个特点:

(1) 认知是在大脑、身体与环境的相互作用涌现的,不能还原到单独的大脑或身体、环境,具有不可还原性,表现出整体的涌现性。

(2) 认知的各个认知单元之间是动态的,是大脑、身体和环境相互作用的过程中在时空中展开的认知连续环,随着主体、环境的变化,认知会发生变化,表现出交互性、动态性、语境性。

(3) 认识是在主体和世界相互作用的过程中生成的,是在不断激活、竞争选择和重新组合过程中得到的一种自组织机制,并不依赖于任何形式的表征和计算。

(4) 认知是动态的过程,事物之间的关系是不断重构的。

认知动力学理论研究在实践中也得到了认知科学家的验证。例如,塞伦与史密斯在婴儿运动能力的研究方面运用了动力学方法,发现婴儿的运动能力依赖于神经状态、腿部生物学机制以及局部环境参数之间的复杂互动。这种观点表达了对表征主义的反对,即反对将儿童行走视为一种在不同遗传时间阶段上接受某种外部指导的表现。还有,戈尔德以动力系统理论为基础,利用状态空间、吸引子、轨迹、决定性混沌等动力学基本概念来解释认知主体的内在认知过程,用微分方程组来表达处于状态空间中的认知主体的认知轨迹。这样一来,认知就是作为认知主体所有可能的思维和行为构成的多维空间,认知主体的思维和行为以非线性微分方程加以描述,系统中的变量是随时间不断进化的,而通过对一定环境下的认知主体思维轨迹的分析就可以考察整个认知活动。另外,埃德尔曼在《意识的宇宙》中利用动力学方法考察了意识现象。他明确提出,意识是涌现于集群系统动力学并且是由环境激发的。在埃德尔曼看来,对意识经验有贡献的神经元集群的某个子集必须既具有高度的整体性,又具有高度的复杂性,这种子集随时间变化而变化,这种神经元集群子集被称为"动态核",而作为意识现象基础的神经过程就发生在这种动态核上。埃德尔曼还对"动态核"的整体性和复杂性提供了两个定量指标,一个是功能簇指数(functional cluster index),另一个是神经复杂度(neural complexity),意识的产生可以通过研究这些分布在不同脑区的指标的动态变化的时空模式来理解。这系统而明确地定量刻画了作为意识基础的神经过程。总之,埃德尔曼认为,人的意识和心智活动是在动态的达尔文过程中产生的,人类的认知活动是脑、身体与环境相互作用时通过部分神经系统的动态分布式活动实现的,意识和心智活动是大量神经活动中"胜者为王"的模式选择的结果。

总之,认知动力学理论将人们对大脑的关注转向了多元认知单元(例如大脑、身体和环境)的关注,例如,对认知的计算隐喻转向了交互性隐喻,对认知是在预定规则下产生的转向了认知是在过程中生成的。可见,系统理论模型为人类认知行为的连续性、突现性和复杂性提供了一种随时间变化的自然主义的说明。动力系统理论方法的特点还在于,它也是一种经验可检验的理论,是一种定量的分析,是一种理解认知的确定性的研究进路。不过,动力系统理论的认知解释也包含着一些理论困难,例如,动力系统模型的变量和参数如何做出恰当的选择,如何解决系统的稳定性和可靠性问题,认知动力系统模型的定量性描述的选择基于什么原则等,这些问题依然有待更好地解决。

三、具身道德的实证研究

随着具身认知理论在道德领域的逐渐渗透和发展,道德的具身性观点开始受到道德心理学家的关注和重视。不同于传统道德心理学的唯理性和现代道德判断的重情性,基于具身认知理论的道德观认为,道德深植于身体与世界(环境/文化)的相互作用之中,受到大脑、身体和环境的制约。具身道德从客观存在的身体及情境去探讨主观的道德心理活动规律,将主客观的相互依赖作用充分结合,弥补了传统道德认知发展心理学理论建构的先天性不足和现代情绪型道德判断模型建构的基础性缺失。虽然现有研究还不足以完全把握身体与道德的相互作用关系,但不可否认的是,具身道德的研究不仅丰富了具身认知的内容,也弥补了传统道德心理学贬低或否定身体的不足,开辟了道德心理学研究的新取向。换而言之,具身认知研究关注人的情感、具身反应及其生活情境,主张"心—身—世界"交互作用,可以有效克服当前道德认知研究中专注于离身认知的困境和缺陷,为我们研究和理解道德判断的发展过程及认知机制提供新视角和新方法。

(一)具身道德的概念

道德是用来判断某个行为或者信念正确与否的一种抽象概念。近年来,具身认知对道德心理学研究领域产生了深刻的影响,弱小而微观的外界情境和身体经验的改变对道德行为影响的研究迅速展开,并已经积累了较多可靠而有丰富意义的研究成果。例如,有人从远与近、大与小、苦与甜、高与低、黑与白、香与臭、脏与净、热与冷、软与硬等视角入手,采用心理—物理变量协同变化的对比实验,通过操控被试所在环境中的某一物理变量的变化,以此来比较人们在不同的物理变量下道德行为和情绪的变化。这种对比实验非常鲜明地证实了物理维度对主体道德判断和情绪的影响效应。有学者甚至将物理维度的改变使得人们的道德行为和道德判断发生变化这一探讨方向命名为"道德的心理物理学"。在本研究中,将具身认知中的道德判断和道德行为统称为具身道德。目前来看,有关具身道德的研究主要从身体构造对道德的影响、感知觉经验对道德的影响以及身体和环境的嵌入对道德的影响这几个方面展开。

(二)具身道德的研究内容

1. 身体构造对道德的影响

根据化石考古研究,人类的身体结构在数百万年的发展中发生了明显的变化。从最开始四肢爬行到直立行走,不仅解放了人类的双手,使得工具的制作和使用成为可能,也开阔了人类的视野,使得人们的感知通道更加发达。同时,人类群体间交往的频繁也使得人类的脑容量逐渐增大,语言逐渐发展起来,促进了认知的进一步发展。可见,在漫长的历史发展中,进化的身体和认知的发展是相互影响的,并且受到具体地理、人文、社会环境的影响形成了不同的文化形态。这也构成了人类身体对道德心理和行为产生影响的基础。

大量实证研究发现,大脑的解剖学结构影响着人类的道德心理和行为。例如,有研究发现绝大部分孤独症儿童的前庭及神经网状结构存在异常,这使得他们难以获得共情,继而导致他们不能准确地进行道德判断。还有,布洛卡区结构性损伤的孩子因为难以获得语言表达能力,所以明显影响了他们的道德认知发展。神经解剖学还发现,大脑腹内侧前额叶皮层(VMPFC)功能性损伤的患者,虽然其 VMPFC 结构与正常人无异,但也会因为缺乏道德决策的适应性,不能及时地产生情感体验,而无法做出恰当的道德判断和行为。还有,幼年时前额叶损伤的患者,其情绪加工能力也会受到影响,在道德行为上表现异常。此外,病理研究证实大脑皮层的蓝斑区和杏仁核受到损伤会引发人的情感记忆障碍,边缘系统的海马区受损则会导致人的空间记忆障碍,这些都会影响到个体的道德判断和行为。

身体构造影响道德判断的另一个重要因素就是神经递质及激素等生化因素。下丘脑能够分泌多种递质和激素,其中下丘脑分泌的乙酰胆碱、多巴胺(DA)、去甲肾上腺素(NE)、五羟色胺(5-HT)都对情绪情感的发生起到调节作用。抑郁症相关研究表明:如果多巴胺、五羟色胺(5-HT)、内啡肽等化学物质分泌不足,就会让人自身的调节能力暂时"失灵",引起食欲下降、失眠、疲惫、头痛、背痛、心慌等反应,抑郁症可以通过抗抑郁药调节脑内的这些化学物质的平衡得到治疗。2013年,瑞典歌德堡大学对超过700名从事过举重、跳高等项目的运动员进行长期跟踪研究,结果证实,与从未使用激素者相比,曾经使用过类固醇激素者更容易受到诸如抑郁、注意力不集中等问题的困扰,并且这些人中滥用药物和酗酒者也更多。

可见,身体构造是个体道德心理和行为的生理基础,它通过直接与间接的作用对个体的道德心理和行为产生影响。

2. 感知觉对道德的影响

人类从出生开始就不断通过身体的动作和各种感官来认识和探索世界,并以此获得抽象的概念。在这个互动的过程中,人类的视觉、触觉、听觉和嗅觉等各种感觉通道起到了重要的作用。在具身道德研究中,同样发现人的各种感知觉会对道德判断和道德行为产生影响。例如,芳香、清新的气味能使人们做出更符合社会要求的道德判断和行为,表现出更多的互惠、慈善和助人行为,更偏好精神(道德)洁净。而恶臭的气味会使人产生厌恶感,导致人们做出更严厉的道德判断。同样,苦味也是道德厌恶感的起源,影响个体的道德判断。基于更多厌恶知觉的实验,相对于其他情绪,感受到厌恶的个体会被激发更多的负面情绪,进而认为道德事件更加严重、不道德的行为更加难以接受,容易做出严格的道德判断。与此同时,采用自我洁净的方法可以缓解负面情绪,以达到道德自我认同,比如通过洗手来减轻不道德感的麦克白效应。个体的自我洁净状态也可以促使人们做出更多的亲社会行为,同时个体的不道德行为也会驱使个体做出洁净与补偿性行为,体现了洁净对不道德情绪的缓和作用。一般认为,自我洁净状态之所以与道德心理和行为相互作用,是因为洁净状态能够提高道德自我意向,道德自我意向的纯洁性使得个体难以接受不道德事件并促使个体做出相符合的利他行为;反之,不洁净状态(如做了不道德的事)会降低道德自我意向,并使个体的自我道德评价变低,由此加剧了负性情绪体验并要求做出补偿性行为来提高道德意向。

除了味觉、嗅觉等感知觉,视觉对人的道德心理也产生一定影响,主要体现在明暗度和颜色两个方面。

(1) 人们借助光来观察世界,明暗条件激发了具体的身体经验,与人的道德心理状态产生一定联系。人们认为发生在白天的罪恶更难以接受,正是因为明亮的光线与道德的心理安全感紧密联系,从而使得情绪体验更强烈。据相关研究,如果人们被分别安置在明亮、中性和黑暗的光线房间进行独裁者游戏,明亮房间中的被试会做出更多亲社会行为。这说明明亮的环境会增加道德行为的发生。同时,如果让人们回忆一些过去的道德性事件,发现他们在回忆不道德事件时,会感到房间光线更为黑暗,影响了他们对明暗度的知觉感受。可见,道德心理和明暗度感知之间存在双向作用,明亮的光线能激活道德心理的"明亮感",促使个体做出亲社会行为;同时,道德心理的明度也影响了对客观物理环境的感知,并由此形成了道德心理"明亮"与环境"明亮"的隐喻关系。这可能也解释了为什么犯罪案件更容易在夜晚发生。

(2)颜色的知觉经验也影响道德心理和行为。早在1967年,就有人发现肮脏和不道德根植于黑色的知觉经验之中。近年来,黑白颜色与道德心理和行为的研究日益增多。有研究发现,人们在将白色与道德词汇、黑色与不道德词汇联结时的反应速度与正确率都高于白色与不道德词汇、黑色与道德词汇的匹配。还有研究证实,通过用不同底纹的背景呈现道德判断故事的方法,发现相对于黄蓝底纹和褐色底纹,人们对黑白底纹呈现故事的道德判断更加两极化(极端错误与极端正确)。由此推测,道德与颜色之间应该存在着某种映射关系,颜色作为普遍存在的感知刺激,可能是导致道德概念形成和道德判断的有效刺激。

综上所述,人们的感知觉会影响个体的道德行为(倾向),反过来道德体验和行为也会影响人们的感知觉。可见,具身认知对道德的影响是一种"具体"和"抽象"的双向渗透关系。

3. 身体和环境的嵌入对道德的影响

身体与环境的嵌入是指身体接收的信息是与道德任务相关的环境信息的输入与输出。人们基于过去身体经验的影响,对环境中的有关位置和现象属性进行编码、组织、储存等认知加工,并根据认知加工影响对生活中某些问题的看法和行为,如垂直空间距离对道德认知的影响。在许多文化中垂直空间距离可以反映出社会等级的差异,人们可以根据个体之间的垂直空间距离来推断社会地位的高低。这种观念可以影响到人们对道德价值的判断。例如,如果一个人与一个社会地位较高的人接近,那么这个人可能被认为更有道德,反之亦然。

具身道德认为身体与道德环境的嵌入作用主要表现在两方面:一方面,信息加工能力的局限性需要利用稳定的环境来简化道德任务。早在1971年,菲利普设计了著名的"斯坦福监狱实验"就证明了环境对道德的重要性。近年来,相关的研究证据也表明了实验环境简化了道德判断任务,表现为个体在道德判断中依据环境信息的知觉经验来进行道德判断任务。道德环境的简化作用使得个体在道德任务中占用较少的认知资源并快速准确地做出反应,从而更好地生存与繁衍。简而言之,道德环境的简化作用具有进化意义。另一方面,环境是认知系统的一部分,我们可以通过改变当前环境来简化道德任务。就日常生活而言,个体处在道德败坏的环境中(如暴力组织)会降低自我道德意向并在道德行为中表现得更加利己;而如果改变环境将个体置于相反的环境中,做出利他行为也就并不是那么困难的举动。现象学的知觉理论认为,人通常是从整体的角度来确定部分的意义。身体所处的不同环境影响着知觉信息的注意偏向,并导致我们对复杂的道德环境进行背景信息与主体信息的分离,从而通过对环境信息的改变来简化相应的道德任务。

对于身体与环境的嵌入作用,具身道德观做出了相关的理论解释。具身道德的身体观认为,道德嵌入身体,而身体又是嵌入环境的,身体总是受到环境稳定的影响。由于身体始终置于不同的环境之中,道德心理和行为就会有意识或无意识地考虑到客观环境的限制性与可及性。个体(身体)处于良好的环境中(高心理可及性),会激活正性的道德认知、道德情感和高频率的道德行为,如"路不拾遗,夜不闭户"就是国家良好的道德环境所促成的;反之,个体处于较差的环境中(低心理可及性)就会造成他人摔倒不敢扶、见小偷偷东西不敢喊等不道德现象。总而言之,身体与环境的嵌入对道德的影响是毋庸置疑的。

综上所述,身体解剖学结构、知觉经验及身体与环境的嵌入与道德心理及行为具有重要的相互作用,身体及其活动方式塑造了道德的同时,道德的心理和行为也影响了身体活动及其感知。

第四章

我国学校体育课程思政的实证研究

第一节 学校体育课程思政的研究现状

一、课程思政相关研究

（一）课程思政研究文献数据分析

在中国知网以"课程思政"为关键词，时间截至2024年7月9日，检索出文献共计53 425篇，其中期刊4.25万篇，学位论文1 221篇，其他9 704篇，文献发表数量趋势如图4.1所示。

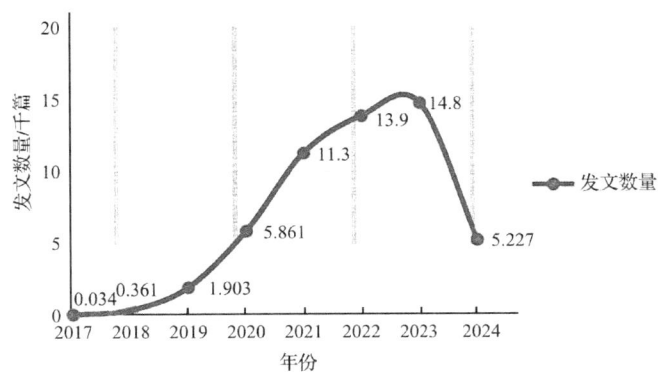

图4.1 课程思政研究文献数量趋势图

从图4.1可以看出，从2017年逐渐开始有关课程思政的研究，且发文量在2017年至2023年一直处于逐步上升的阶段，特别是2021年、2022年、2023年分别达到了1.13万、1.39万以及1.48万篇的发表数量。这一变化趋势与国家教育政策导向密不可分。2016年,习近平总书记在全国高校思想政治工作会议上深刻阐述了思想政治教育的重要性,并明确提出要将思想政治教育融入各类课程之中,实现与各门课程教学的同向同行、协同发展。这一理念的提出,不仅是对高校思想政治教育工作的重大指导,更是对高等教育体系内全方位育人的重要布局。上海作为课程思政的试验田取得了良好的成效,众多教育工作者积极探索课程思政的实施路径,通过挖掘专业课程中的思政元素,将思政教育有机地融入各类课程中,让学生在接受专业知识的同时,也能深刻领会到思政教育的精髓,为高校思政教育的改革与创新提供了宝贵的经验。2017年以后,有关课程思政的研究开始逐渐增多。2019年,习近平总书记在思想政治理论课教师座谈会上再次强调了思政教育与各类课程的八个相统一原则。他强调,要深入挖掘其他课程中蕴含的思想政治教育资源,实现教育的全方位育人。这一重要论述,进一步明确了课程思政的目标和方向,也为实践工作提供了更加明确的指导。2020年,教育部印发了《高等学校课程思政建设指导纲要》,为高校课程思政的实践提供了更加系统的理论指导。这一纲要明确提出了课程思政的基本原则、主要内容、实施路径等方面的要求,为各类课程融入思政提供了有力的政策保障。同时,教育部还通过组织培训、开展交流等方式,推动课程思政的深入研究和实践工作,取得了显著成效,推动了课程思政研究的不断发展。

另外,对检索文献进行了学科分布的统计分析,如图4.2所示。从课程思政

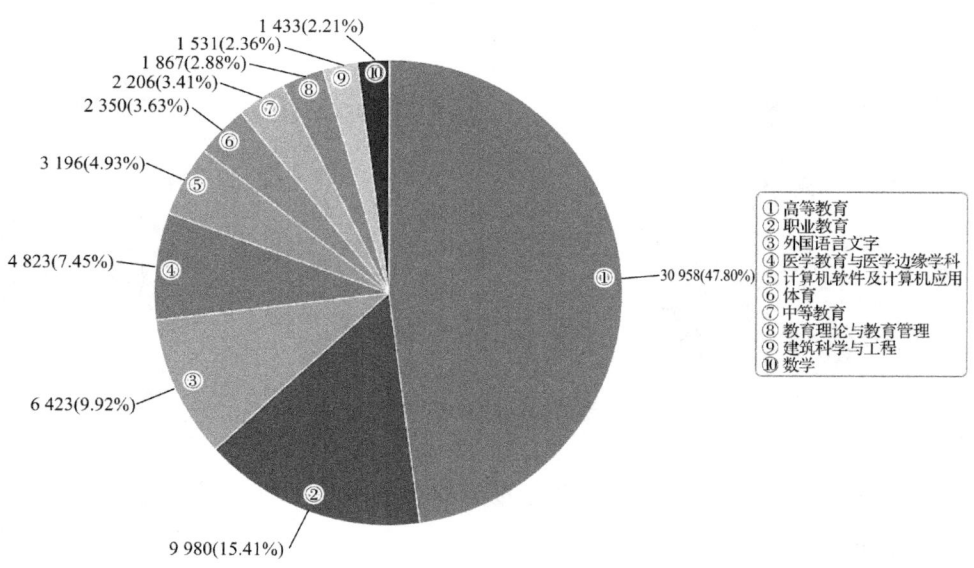

图4.2　课程思政研究文献学科分布

的学科分布图可以看出,课程思政的研究聚焦在高等教育的文献资料数量最多,占总体的47.80%,紧随其后的是职业教育领域的应用,占总体的15.41%。除此之外,课程思政的研究在文科、理科、工科、医科都有涉及,其中体育学科占总体的3.63%,可见课程思政建设在各个学科、专业的研究呈现百花齐放的状态。

(二) 课程思政研究文献主题分析

1. 课程思政的内涵研究

在课程思政内涵研究方面,不同学者从不同角度提出了各自的观点。邱开金运用现代教育理念和课程理论的相关需求来探究课程思政的内涵,认为"课程思政"就是将思想政治教育相关的教育活动及教育内容在以课程为渠道的方式中进行开展,关键在于开展思想政治教育中的育人功能和价值引领与传统课程教育模式的区别。高德毅认为所谓"课程思政",其实质并不是增设一门课程或者是一项活动,而是旨在课程教学的过程中巧妙地融入思政教育,潜移默化地对学生的身心施加影响,起到思政育人、润物无声的教育效果。敖祖辉则认为,"课程思政"体现出一种全新的育人理念和价值观导向,是一种全新的课程观,进一步地推进了学校育人模式的创新。闵辉、聂迎娉、王学俭认为充分挖掘课程思政元素的一种科学理念与实践探索,落实课程思政就要充分利用各学科、各专业的思政教育元素积极开展思政建设。石书臣则指出"思政课程"与"课程思政"两者之间存在一定的异同,不可混为一谈,思政课程是传授德育知识,对学生进行思想品德教育的课程,课程思政的本质是立德树人的教育理念,两者的"同"主要体现在任务目的的一致性,都是要解决政治方向、育人方向、文化认同的一致性与统一性问题,"异"主要体现在思政内容、课程地位以及思政优势等方面。汪瑞林、王捷对课程思政的思政元素做了进一步分析,认为课程思政不仅包括爱国主义、革命文化、马列主义、社会主义核心价值观、习近平新时代中国特色社会主义思想等内容,还应该包括丰富多样的思政元素,只要有利于学生健全人格、必备品格、道德行为的培养,都可以作为思政元素。例如,中华传统文化中蕴含着深刻而智慧的思想,如儒家思想的仁爱、孔孟之道的修身齐家治国平天下等,对提升学生文化自信、塑造积极向上的人生态度等具有重要意义;道德品质与文明修养也是重要的思政元素;还有科学精神与技术伦理,对提升学生的科学素养,引导学生树立追求真理、坚持真理、实事求是、不迷信权威、严谨诚信的科学精神以及不怕挫折、淡泊名利、乐于奉献的科学家精神等具有重要意义;健康生活与时代素养也是重要的思政内容。

2. 课程思政的价值研究

在课程思政的研究中,价值研究具有本源性。通过文献整理发现,关于课程思政的价值研究主要体现在三个维度:一是从培养德、智、体、美、劳全面发展的社会主义建设者和接班人的宏观维度进行阐述。邱伟光认为"课程思政"的重要价值体现在落实立德树人根本任务以及社会主义办学方向上。"课程思政"建构的精神,是社会主义核心价值观中提倡的,也是高等教育领域中对国家意志的一种精神展现。二是从各级各类学校培养目标的中观维度进行阐释。课程思政是将思想政治工作渗透于各级各类人才培养过程的关键要素,更是新时期学校在贯彻落实立德树人根本任务中的一项基础性、全面性的工作。三是从教学工作开展所需微观角度进行诠释。谭晓爽从教学方面指出,课程思政不仅能够在教授学生知识的同时实现价值引领,还加深了学科教学内容的深度,培育了良好的课堂氛围,加强了思政教育的效果。肖香龙认为课程思政在品德行为上、人文精神上、价值观上具有内在魅力。课程思政具有广泛性、隐教性、多样性,有利于以思政课为主,以其他课程的广义课程思想政治系统为辅,充分发挥思想政治教育的吸引力,增强思想政治教育的实效性,是课程育人作用得以实现的重要通道。显然,课程思政中所蕴含的价值成了学术界的普遍共识,但课程思政中所暗含的更为深刻的价值,仍需在实践中不断被发掘,需要学者们继续予以重视。

3. 课程思政的路径研究

"课程思政"的实践路径主要是思想政治理论课程、各领域的专业课程和通识文化课程,其中思政课程起到核心引领作用,专业课程需要深入挖掘思政元素、丰富思政资源,而通识文化课程起到拓宽思政内涵的作用。

在思政课程方面,中央16号文件指出,"高等学校思想政治理论课是大学生思想政治教育的主渠道",在培养学生的思想品德、促进学生良好人格形成的路上发挥着举足若轻的作用。高德毅指出高校思想政治理论课程是对学生进行爱国主义教育和理想信念教育、激发学生爱国情怀和民族意识的重要渠道,因此要从方法改革、内容扩展、师资建设等方面去发挥高校课程思政的有效性和针对性,实现育人效应最大化。同时,高德毅、宗爱东也对上海中小学德育课程改革进行了分析,发现上海中小学德育工作中存在一定问题,提出将思想政治教育与其他专业隐性教育有机地结合起来,在教学文件、教学流程等方面将思政要素融入课堂教学中。

在专业课程方面,何红娟通过对课程思政的内在逻辑必然性和科学理论依据进行剖析,指出各类课程都要发挥育人功能,与思政课的育人方向保持一致。教师进行专业教学应结合学科特点,加强与思政教师的沟通,提升自身的思政意识、思政水平、思政能力及增强思政储备,实现在专业课教学中思政协同育人的目标,形成全员全程全方位育人的格局。朱飞指出,若要将思想政治元素悄无声息地融入专业课程的教学中,实现立体化渗透和浸润式演绎,需要对专业课程进行全面的改革,充分挖掘各学科含有的思想政治教育资源,发挥好每门学科的育人价值,不断优化高校的人才培养规格和育人模式。赵鸣歧指出,若想实现专业课与思想政治理论课程的深度融合,必须对专业课程蕴含的思政内容进行深度挖掘,全面分析专业课程思政元素的核心要义,深入把握课程思政的内在机理和外部机制,建立健全相关机制,切实保障课程思政的落地落实。石岩、王学俭提出了新时代课程思政建设实施的核心问题,包括认识差异较大、课程体系欠缺、方法选择困难、协同运行不畅、教师主体缺位、管理权责不明等;同时指出优化课程思政的实施路径有树牢育人理念、建构育人格局、优化课程建设、创新教学方法、打通协同渠道、锻造教师队伍、健全管理体系等。

在通识课程方面,聂迎娉认为要推进课程思政建设,我国大学通识课程必须在"立德树人"目标指向下,通过调整选修机制、优化教学素材等路径,注重人的内在感受、强调人的存在,以教育资源充盈和社会广泛支持为前提,真正回归育人初心、重视本体价值。梅赐琪基于对通识课程中开展课程思政工作有利和不利条件的分析,提出必须扬长避短,以课程思政为总体目标,发挥通识教育注重价值塑造和价值引领的优势,明确通识课程的育人方向、育人场景和育人机制,遵循习近平总书记强调的历史逻辑与未来走向、学生身心发展规律、教育性教学规律等三大规律,并最终与思政课程同向同行,与其他育人环节一道形成协同效应,实现育人目标。

4. 课程思政的评价研究

近年来,随着课程思政在大中小学的不断推进和落实,如何评价课程思政的效果成为人们关注的焦点。在学术领域,关于课程思政的评价研究主要集中在评价理念、评价方法、评价指标以及评价问题的研究。

在评价理念方面,周丽敏指出,在课程思政评价的实践过程中既要体现教师思政引领的方向和高度,也要重视学生的主体地位和参与感受,促进学生在思想方面深度感悟,切实提升其知情意行的水平。倪晗根据OBE(成果导向教育)理念,提出课程思政教学效果评价要坚持以产出为导向、以学生为中心,持续改进。

张慧聪坚持将人才培养效果作为课程思政评价的首要标准，综合评定学生的政治认同、家国情怀、文化素养、法治意识、道德修养等思想品质的内化情况，考查学生是否建立了为中华崛起、民族振兴而不懈努力的远大理想，而不仅仅是观察学生一时的课堂表现和行为情况。陈晋、许瑶认为课程思政教学评价就要围绕育人核心目标，服务于青年成长过程中知识传授与能力培养的价值引导，使学生在课堂中不仅收获知识技能，还能锤炼心志、涵养品性，养成良好的思想品德和价值观，追求立德树人效果最大化。

在评价方法方面，王岳喜指出，对学校课程思政的建设情况可以结合查阅资料、听课、访谈调研以及问卷调查等形式进行。在实际评价的过程中做到定性与定量、同行评价、上级评价、教师自评以及学生评教等多种方式相结合。朱平指出，在测评时除了进行书面测量之外，还要运用深度访谈与体现价值冲突和态度选择的情景活动等方式加以补充，确保评价方式的完整性。陆道坤认为课程思政代表性评价方法为学生思想政治素养发展档案袋评价法，例如，与课程思政有关的轶事记录、小论文、调查或研究报告、课堂（观察）记录、个别交流记录、教学日志等都可纳入档案袋。谢桂新指出，教育学类专业课程思政教学评价的实施应将评价融于专业学习与专业考核之中，通过主观描述、文本观察、教学观察、量化问卷等方式对教育学类课程思政的建设情况进行综合评定。李妍、刘沣需从制度评价、过程评价、课堂评价、成长评价四个方面提出要抓好贯彻落实、注重体制机制建设评价，坚持质量标准、注重课程建设过程评价，加强持续改进、注重课堂教学整体评价，落实学生中心理念、注重学生成长发展评价等建议。

在评价指标方面，孙跃东通过专家评分和问卷调查对理工科思政教学评价指标体系构建进行了深入分析，提出同行评价、学生评教、教师自评三个指标体系，不同的指标体系对应不同的内容。刘雪彦秉持着以人为本的理念，以立德树人为出发点、聚焦点和着力点，从目标理念、课程建设、队伍建设、教学实施、激励机制、教学效果等影响课程思政建设的关键要素，构建了课程思政评价标准体系。佟乐鹏以CIPP评价模型为指导，构建了包含背景基础、资源配置、实施过程和成果效益在内的全方位、多层次、多主体的评价指标体系。许祥云也运用CIPP评价模式对高校课程思政综合评价指标体系构建展开了探索，最终构建出由背景评价（18%）、输入评价（28%）、过程评价（39%）、结果评价（15%）四个维度构成的指标体系。周丽敏采用因子分析法、相关分析中的双尾检测分析技术对课程思政建设中量表的信效度进行了测量，并采用Amos软件对量表的维度因子及外语课程思政效果之间与课堂教学路径模型的契合度进行了验证,最终分析发现人际关系心理支持、外语课程思政学习陶冶、课堂情景环境支撑与外语课程思政效果之间具有较高的契合度。曾繁权运用德尔菲法分析、整理,最终确定了包括教学准备、教学实施、教学反馈等3项一级指标,学情分析、教学目标、教学设计、教学资源、教学安排、教学内容、教学方法、教学考核、教学效果、教学反思和改进等10项二级指标,学生的学业基础等42项观测指标的高校课程思政教学过程评价指标框架。王婷从理工科的角度,制定了包含学校、课程、教师和学生在内的四维指标体系,这4个维度分别对应的是顶层设计、课程教学、师资队伍和学生发展4个一级指标。也有研究者基于定性研究的方法对课程思政评价指标体系的构建展开研究。王岳喜通过文献资料等方式阐述了课程思政评价的指标是课程思政评价客体的具体化,也就是把评价的客体演化为可以评价的具体指标。课程思政评价体系的核心内容是从学校、专业、课程、教师、学生等一般意义上构建的,为此提出组织管理、专业建设、课程教学、队伍建设、学生成长等5个一级指标,领导责任、工作机制等15个二级指标以及43个三级指标。

在评价问题方面,各级各类学校在课程思政教学评价实践过程中,不可避免地会面临一些难以解决却又不可忽视的问题。张瑞指出,在评价目标上,会出现认知取向对德育取向的支配;在评价技术上,会面临工具理性对价值理性的僭越;在评价内容上,会存在学科间对思政元素的阻隔;在评价主体上,会发生教师作为评价主体的事权羸弱等一系列的阻碍课程思政评价的因素。谭颖指出,在当下教育环境中,主要还是以考试为主的学习评价方式,但是也出现了对过程性评价方式的关注。为此,在学生课程思政学习评价方面,不仅要考查学生对思政知识的记忆程度,更要考查学生对思政内容理解和运用的实际操作能力,以及在情感、价值观等方面的积极变化程度,为此应该重视对学生思政学习的具身评价方式。

综上所述,目前我国课程思政的研究已经进入了全面推进和深化阶段,覆盖了课程思政的内涵、价值、路径、评价等众多方面。从现有的研究成果来看,课程思政的研究主要集中在高等院校,从不同学科、不同方法、不同视角等多个维度对课程思政建设进行科学探讨,但是系统深入的研究并不多,不能在细节和实质上清晰呈现贯穿大中小学课程思政实践始终的各类要素间的相互作用及其功能逻辑,也不能整体上把握各级各类学校课程思政的全面建设。为此,需要进一步依托数据科学,借鉴多学科成果,提升课程思政理论研究水平,为实践推进提供理论支撑。

二、学校体育课程思政相关研究

(一)体育课程思政研究文献数据分析

在中国知网以"体育""课程思政"为关键词,时间截至 2024 年 7 月 11 日,检索出文献共计 393 篇,其中期刊 194 篇,学位论文 18 篇,其他 181 篇,文献发表数量趋势如图 4.3 所示。

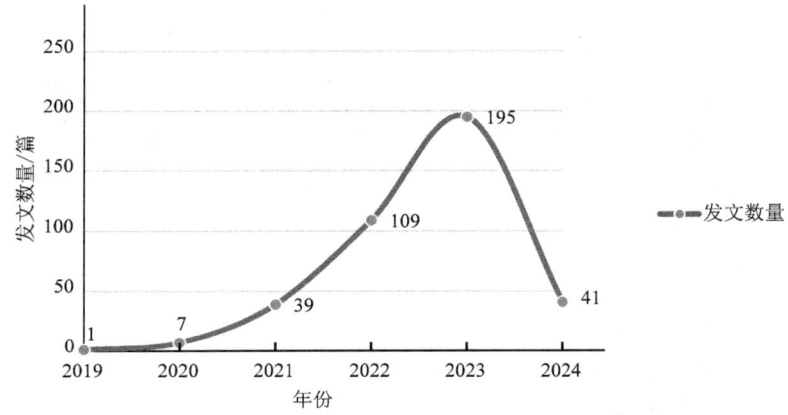

图 4.3　体育课程思政研究文献数量趋势图

从图 4.3 可以看出,从 2019 年逐渐开始有关体育课程思政的研究,其发文数量在 2019 年至 2023 年一直处于逐步上升的阶段,特别是 2021 年、2022 年、2023 年分别达到了 39、109 以及 195 篇的发表数量。在体育领域关于课程思政的论文发表趋势基本与课程思政论文发表的总体趋势一致。呈现出有零星研究,然后逐渐增多的变化特征。可见,体育课程思政的研究是在国家课程思政研究的大背景下进行的,符合一定的政策导向性。

为了更好地了解体育课程思政的研究主题,本研究运用 CiteSpace 分析软件对检索到的 393 篇文献进行了关键词的聚类分析,形成可视化图谱,如图 4.4 所示。

从可视化图谱中可以看出,体育课程思政研究主题主要集中在"立德树人""课程思政""学校体育""体育课程""体育教学""高校体育""实践路径"等方面。从研究主题中可以看出,研究者们对体育课程思政具有一定的认知。"立德树人"主题突显反映了课程思政是将思想政治工作渗透于教育教学过程中的关键要素,更是新时期学校在贯彻落实立德树人根本任务中一项基础性、全面性的工作,立德树人就是课程思政的结果导向。还有,研究者们对体育课程思政的实施方式和

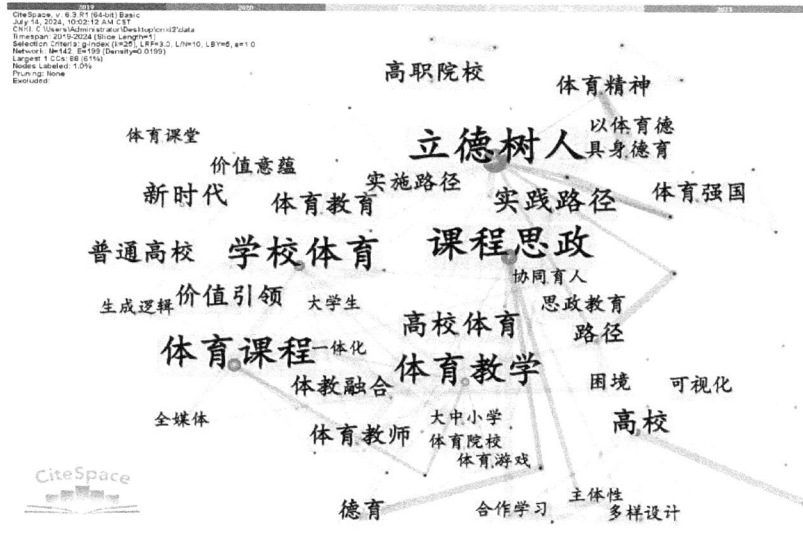

图 4.4 体育课程思政关键词图谱

路径也具有浓厚的研究兴趣,普遍认为体育课程、体育教学不仅是传授运动技能和知识的场所,更是培养学生良好道德品质、健康心理和社会适应能力,引导学生树立正确的世界观、人生观和价值观,使其成为具有高尚品德和健全人格的新时代公民的重要途径。此外,研究者们还关注了"学校体育""高校体育"等主题,结合各级各类学校的特点,以促进体育课程思政的深入发展和有效实施。

综上所述,体育课程思政研究主题丰富多样,反映了研究者们对其具有一定的认识和独到的见解。这些研究为探索体育课程思政的实施方式和路径、培养具有高尚品德和健全人格的新时代公民提供了有力的支持。

(二)各阶段体育课程思政研究分析

1. 中小学体育课程思政研究现状

石鹏毅等提出新时代的小学体育课程思政模式是以"德体一体"为教学框架,实现启智、健体与立德等多元育人目标。因此,应该将思政元素渗透在小学体育课程目标、课程内容、课堂组织、评价体系等各教学环节中。伊剑等基于协同理论视角,认为小学体育课程思政需要实现资源协同、过程协同以及多主体协同。这就需要在课程思政实施中不断积累教学资源,增强教学方法的灵活性,提升教学过程的连贯性,落实多主体参与模式,将体育与德育融合成为落实立德树人根本任务的重要途径之一。徐慧平指出小学体育课程思政的主要困境在于体育教师对课程与思政融合的意识不强,体育教学更倾向于运动技能的指导,思想育人的内生动力不足。思政教育以说服教育为主,难以实现将德育内化于心、外化于行的效果。这些问题都阻碍了体育课程思政的有效实施。王晓娥等以耐久跑为例,设计了将红色思政元素融入该项目"趣、动、量、变"为特点的教学方案,通过"百年路上—红色热土—冲过封锁线—战地休整"的情境练习方式激发学生的兴趣,促使学生能够"趣动爱动、爱动能动、能动会动",通过地理变化、环境气候变化等完成难度设计,突破量变难点,培养学生克服困难、顽强拼搏的精神。

  刘成义分析论证了高中体育课堂融入课程思政的必要性,通过问卷调查和教师访谈,调查了某市高中体育课堂融入课程思政现状,探究学生和教师对于思想政治教育的认识情况和融入情况,从融入目标、原则、方式对体育课程思政建构起推进的路径。徐丽雪通过对8所高中进行问卷调查和实地走访,探查高中体育课程思政实施现状,分析其存在的瓶颈及原因,并选取某一学校进行了教学实践,通过教学实践的效果,验证了课程思政育人的成效。还有,朱浩等也对南京市玄武高级中学体育课程思政现状进行调查,发现从初一到初三,学生对思政的认知程度呈逐年上升的状态,表现出学生对于"课程思政"的认知程度与年龄呈正相关的特点。学生对于体育课程思政内容中的爱国主义、合作精神、竞争意识和规则意识等方面的了解和表现程度较好,但是对于吃苦耐劳和奉献精神方面还了解不够,有待加强。从体育教师课程思政实施的途径分析,在体育教学方法上,主要用讲解法、讨论法、动作示范法、完整与分解法、纠正与帮助法、运动竞赛法、游戏法等体育教学方法来帮助学生进行技能的学习和思政意识的塑造,但对于情景教学法所选择的占比较少,还需要进一步创新教学方法。陈芳芳等在论述课程思政提出的时代背景及价值意蕴基础上,对中学体育课程思政进行系统反思,认为其实践要旨为:育人为本,多向度找准体育课程思政新定位;协同育人,多维度打造体育课程思政新格局;全程育人,多层次开拓体育课程思政新路径。进一步对中学体育课程思政的现实困局进行分析,认为:体育科学认知不全面,缺乏精准引导;体育精神培育不健全,缺乏人文支撑;体育道德培植不深入,缺乏柔性融入;体育品格培养不完善,缺乏靶向设计。最后提出中学体育课程思政的纾解之策:以体育人,融入体育科学教育,锻炼身心品质;以文化人,融入传统人文教育,锤炼体育精神;以德树人,融入德性认知教育,淬炼体育道德;以情感人,融入情感情怀教育,铸炼体育品格。王顺兴在新冠疫情背景下,探讨了后疫情时代中学体育课程思政的重要性,提出了中学体育教学和课程思政融合是一个长期过程的观点。杨海文等认为不同学龄段的学生在开展体育课程思政时,需要充分考虑学生的身心发展特点。例如,初中阶段,学生已经从单纯的具象思维转化为具有一定的自主意识和思想的抽象思维,逻辑思维能力与自我意识都在增强,但是还不太成熟,体育教师还可以把故事、社会热点等作为切入点,开展思政教育。到了高中阶段,学生各方面能力已经处于稳定发展阶段,身体形态也趋于稳定,各方面能力都明显优于初中阶段,理性思维能力占据主导地位,能够在课堂中更多地进行深入思考。针对这一学段学生特点,体育课程思政可以更多采用融入体育规则、体育历史发展、体育历史人物事件和体育技战术方法等帮助学生树立规则意识,加深对运动项目的理解,培养其顽强拼搏、不畏困难的体育精神。苏永强研究指出,高中体育与健康课程思政具有全面贯彻党的教育方针、满足高中生身心发展需求以及体育课程与教学协同育人的重要意义。但是,同时也存在学校管理、教师理念和行动力以及学生认知水平等方面的问题,提出需要加强体育教师的课程思政能力、深度挖掘体育课程中的思政元素、积极探索中学体育课程思政的路径以及协同学校体育促进综合育人的建议。

除上述研究外,将具身道德理论引入学校体育课程思政问题探讨的研究也逐渐增多。沈楠从体育的"具身德育"功能层面予以分析,依据体育的具身性、育心性、劳动性等功能,推演出体育课教学本身就蕴含着丰富的具身德育元素,因此提出要充分发挥体育活动的娱乐性和体验性,将积极心理品质培养渗透到体育教学中,体育教师要不断加强言传身教等具身道德要求。檀传宝从"具身德育"理念出发,设计了由"创设具身情境、行动体验、强化矫正促养成"三个环节组成的德育模式,即体育教师先让学生在具身环境下产生生理体验与心理感受之间的联系,再对其进行一定程度的强化和矫正,帮助学生认识和理解道德概念,促成下一次的道德行为。马德浩从《中小学德育工作指南》中的理想信念、社会主义核心价值观、中华优秀传统文化、生态文明以及心理健康教育等德育工作的5个方面对学校体育的具身德育作用加以论证,进而从政策导向、课程教学、师资建设、课外活动等方面提出了一系列改革建议。高鹏飞从元伦理认知角度出发,提出学校体育何以和以何"立德树人"的反思性命题,探讨当前中小学体育课德育实践中"无体无用"和"无用无体"的实然困境,构建由外及内的具身道德治理体系。

从目前中小学体育课程思政研究成果来看,研究者们已经开始关注体育课程思政对于体育教学的重要意义,比以往更加重视对学生体育精神、体育品格以及体育道德的培养。有部分体育教师开始尝试改变过去碎片化、随机化、无目的的思政教学,从教学设计就有意识地加入思政元素,挖掘思政内涵,以形成更为系统、连贯的体育思政教学模式。同时,逐步探索各个运动项目的思政元素,在体育活动中培养学生的团队协作精神、竞争意识和自我挑战等体育品德,推动体育思政教学的创新发展。但是,以具身道德理论为视角探讨学校体育课程思政问题尚处于起步阶段,研究者更多地在探讨学校体育开展具身道德的理论自足性及研究的价值和意义,但并未完全把握体育课教学中现实的具身道德问题。因此,多数研究者所提出的对策和建议仅限于宏观的学校体育管理或泛泛的体育教学改革等范畴,对于解决体育教师面临的现实问题,特别是"健身"与"立德"之间的有机联系还缺乏一个关键的连接点,而这恰恰是具身道德所研究的核心内容,即探讨身体及其活动方式与道德心理和行为的相互作用问题。为此,需要更深入地探讨中小学体育课教学的目标、内容、方法、环境等各个层面的具身道德问题,从而提出切实可行、行之有效的建议,真正落实我国中小学体育课的立德树人任务。

2. 高等院校体育课程思政研究现状

通过查阅相关文献,高等院校(以下简称高校)体育课程思政的研究主要集中在以下几个方面:

(1)高校开展体育课程思政的内在逻辑与价值意蕴

徐正旭等认为体育作为人类发展自我、实现自我价值最直接的实践活动,本身具有价值自足性,通过自身克服肢体阻力和意志松懈从而激发潜能、体现卓越,是培养全面发展的人的一个重要方面。因此,体育的质的规定性决定了体育的教育价值。张洋等认为体育课程思政建设是深化教育强国建设、助推体育强国建设、完善体育育人价值、优化体育课程体系所需。王静仪认为高校体育是培育新时代青年大学生的重要领域,也是推进社会主义核心价值观教育的主渠道。据此,提出高校体育课程思政的内在逻辑包括立德树人是体育教育之本的同心逻辑,理想信念是体育精神之源的溯源逻辑,价值引领是体育人才之魂的评判逻辑。刘纯献等也强调要以社会主义核心价值观为抓手实现高校体育课程思政的价值引领,并从通过挖掘生理心理潜能践行体悟人生、通过中华体育精神启迪生命的高度、宽度、厚度、通过榜样的力量形成自律等三个方面分析了价值引领的内涵。杨祥全指出体育课程思政的价值在于对人格的塑造,体育蕴含的自信自强、不畏强敌、顽强拼搏、永不言弃、团结协作等精神,有助于大学生增强心理素质,提升沟通能力,培养吃苦耐劳、勇敢坚毅的品格。

(2)高校体育课程思政的开展现状

吴向宁认为高校体育课程思政建设中存在体育课程思政建设理论体系不完

善,体育教师课程思政建设能力不足,体育课程与思想政治教学资源匮乏、融合不够,体育教学形式单一、内容空泛及课堂教学评价模糊与泛化等问题。钱媞等研究发现虽然高校体育课程思政能得到国家及学校的支持,但高校公共体育课程思政建设仍存在体育教师过于注重学生技能的掌握,道德引导意识差,思政课程元素融入不够,缺少课程思政评价标准等问题。王琳通过对福州市大学城的调查,大部分体育教师在体育课教学过程中会积极且有意识地融入思政内容,但是与体育教学实践融合不够,以生搬硬套、枯燥讲授为主,无法与体育教学有机地结合在一起,缺乏创新性。同时,体育教学缺乏完整的体育教学思政大纲,仅对学生的技术动作完成及其运用情况进行定量评价。王哲研究发现学生对体育的功能也存在认知偏差,他们普遍认为体育就是锻炼身体,德育思想较为浅薄,不能有效地认识到德育体育的重要性。

(3) 高校体育课程思政的途径和方法

在高校体育课程思政研究中主要从宏观上、微观上提出了相关的观点。在宏观方面,陈巨红以高职院校为例,提出通过重修课程标准、优化体育课程思政化教学内容、提升体育教师思政意识等途径实现高校体育课程思政目标。贺飞提出体育课程思政的实施途径应该是建立创新体育教学模式,组织课程思政专题辅导,加强思政教学管理,将大学生培养成为有理想有担当的社会主义建设者。常益等指出,在深入开展高校公共体育课程思政的实践中,需要紧紧围绕教师队伍"主力军"、课程建设"主战场"、课堂教学"主渠道",以合理定位归正高校公共体育课程思政育人本位,以文化渗透引领高校公共体育课程思政实践创新,以教学重建推进高校公共体育课程思政过程优化,以学生为中心完善高校公共体育课程思政评价激励机制,不断开创高校公共体育"课程思政"新局面。常志利认为,课程思政是落实立德树人的重要途径,可以将中华优秀传统文化、奥林匹克体育精神、社会主义核心价值观等多方面内容作为体育课程思政的内容,并通过专业实践课程与理论课程两种途径进行体育思政融合。赵富学等在前人研究的基础上,提出体育课程思政建设五重维度:一是立德指向,认为体育课程思政要以马克思主义为价值引领,运用科学思维和方法指导;二是立德过程,在学校体育工作中,一切目的是实现"立德树人",以"立德树人"目的统领立德全过程,发挥体育课程思政育人优势的最大化;三是立德责任,各位教育工作者要共同承担起体育课程思政的责任,建设德育共同体;四是立德体系,要加强体育课程思政的顶层设计,与学校德育协调一致,优化体育课程内容体系;五是立德功能,全面挖掘课程中的思想政治资源，丰富育人资源的协调和组织形式。

在微观层面，王秀阁厘清了"课程思政是什么，怎么做"的问题，指出了课程思政是国家对教育根本任务的要求，进而分析了体育课程思政的特点和类型，并指出体育课程内容非常广泛，因此在选择思政元素时，要充分考虑思政内容的贴合性以及学生自身的需求，提出"融入式"和"挖掘式"两种方式融入思政元素。魏涛认为可以结合"三走"模式（走下网络、走出宿舍、走向操场），与体育文化相融合，挖掘体育活动的思想和文化内涵，提升活动的精神和教育价值。另外，针对体育类专业院校学生的体育课程思政研究也越来越丰富。李在军等认为在课程思政改革下，高校体育类专业与其他课程相比，既有共性特征，又存在着个性特征，个性特征包括身体的体验性、情境性和社会性。他们还将体育类专业课程进行了分类，认为学科类偏重于"融入式"教学，术科类偏重于"挖掘式"教学，要以中华体育精神为资源开发、以体育道德内容为依托、以体育名人事迹为德育支点。董翠香等人指出，高校体育专业课程思政建设面临重专业素养培育、轻人格修养培育，重知识技能传授、轻价值观培育，重低阶认知培养、轻高阶认知培养的"三重三轻"问题，并以"学校体育学"为例提出了改革路径。首先要深入挖掘课程思政元素，如教育情怀、责任担当等元素，然后将课程思政元素落实到课程实施中，在课程目标上突出价值引领，将挖掘出来的思政元素与教学目标相衔接，在课程策略上通过多种教学活动方式将课程思政贯穿教学过程，在课程评价上重视对课程思政学习效果的评价。此外，对于单项运动项目学习过程中开展课程思政的研究也逐渐得到研究者们的关注。高江航从篮球课教学文件和教学过程两方面，通过问卷的方式对全国体育院校篮球课课程思政的现状开展调查，并在调查的基础上提出篮球课融入思政的路径，阐明了在篮球教学全过程中如何贯彻思政理念。王稳等以武术课程思政为切入点，以"情义"文化为抓手，通过武术本土文化价值、文化内涵、武术道德等教育，引领大学生认同中国传统文化。李婉榕从网球课出发，指出在分组教学、短视频教学的过程中融入课程思政内容，并且每堂课都设置关于思政点的考核，以此提升大学体育网球课的育人效果。仇梦霄通过对体育教育专业体操普修课教学大纲的研究，探寻"课程思政"与体操普修课的结合点，并在体育专业院校体操教学中开展实证研究，取得了良好的教学效果。

从上述研究中可以看出，人们对高校体育课程思政的重要性基本达成了共识，体育教育的思政价值被逐渐认可，体育教学中开展课程思政实施的路径在不断拓展，理论资源不断丰富。但是，已有研究只是从体育课程思政中探索某一方面的研究,尚未形成系统的理论,对体育教学整体思政效果的关注度略显不足,没有最大程度地发挥高校体育教学的思政价值。其实,高校体育教学中的思政问题与中小学体育教学中的思政问题有相似之处,即是否真正把身体实践作为思政教育的逻辑起点,是否真正解决体育教育与思政教育两层皮的问题。为此,体育课程思政的研究不能仅仅局限于某一方面的探索,而是要全面审视和把握体育课程思政的各个方面,形成一个完整、有机的理论体系。从具身道德的理论视角,充分利用身体实践的特点,将思政教育贯穿于整个体育教学的过程中,使学生在运动中感受到思政教育的力量。明确体育教育不仅仅是身体的锻炼,更是精神的洗礼;思政教育不仅仅是理论的灌输,更是实践的体验。要使学生在锻炼身体的同时,也能接受到思政教育的熏陶,真正将思政教育融入运动实践中去,最大程度地发挥体育教育的思政价值。

第二节 学校体育课程思政的现状调查

一、学校体育课程思政调查指标体系的构建

如前所述,体育课程思政具有典型的身体实践性特征。为此,本研究对中小学体育课程思政实施现状的调查设计也紧紧围绕具身认知理论的核心观点,即强调认知、身体和世界是有机融合的整体这一观点展开。从具身认知理论视角调查当前我国学校体育课程思政的实施现状,关注不同环境对体育课程思政实施的影响,关注体育课程教学过程中各要素与课程思政之间的有机融合以及体育课程教学中课程思政与学生身体感受之间的有机联系,通过专家调查法(德尔菲法)确立学校体育课程思政的调查指标体系。

(一)指标体系的选取与确立

1. 指标的初步拟定

在中国知网、超星等数据库查阅"课程思政""体育课程思政""具身认知""教学评价"等相关文献和书籍,并对所收集的资料进行整理分析,明确我国目前关于学校体育课程思政实施现状评价的相关成果,并咨询学校体育领域相关专家,依据评价指标体系构建的科学性、系统性及可操作原则,初步拟定了3个一级指标、9个二级指标、30个三级指标,具体见表4.1。

表 4.1　学校体育课程思政评价指标初步构建

一级指标	二级指标	三级指标	指标内涵
主体层面（A）	教师（A1）	思政认知（A11）	教师在教育教学过程中,对思政教育理念、目标、内容、方法及其重要性的理解和认识
		学情认知（A12）	教师对学生学习情况的全面了解和深刻理解
		职业认知（A13）	对教师这一职业角色、其职责、重要性以及面临的挑战的深入理解与认同
		共情能力（A14）	教师能够设身处地地体验学生处境并对学生的情感产生共鸣的能力
		沟通能力（A15）	教师在与学生交往中,有效地表达与接收、回应学生信息的能力
		教学能力（A16）	教师综合完成体育和思政教学任务的能力
		研究能力（A17）	教师综合地、灵活地运用已有的知识进行创造性思政教育的能力
	学生（A2）	思政认同度（A21）	学生在接受思政教育过程中,对内容、价值、理念等所产生的认同程度和接受程度
		学习参与度（A22）	学生在学习过程中投入的时间、精力和努力程度,以及他们对学习活动的积极参与和互动情况
		学习体验度（A23）	学生在学习过程中所获得的感受、情感和认知的总和
		学习满意度（A24）	学生在学习活动或过程中,其愿望及需求能够得到满足的一种感觉或态度
	管理者（A3）	思政认知（A31）	管理者在教学管理过程中,对思政教育的认知和理解
		思政管理（A32）	管理者从管理的角度进行的思政教育干预
载体层面（B）	体育教学（B1）	思政教学目标（B11）	思政教学活动的主体在教学活动中所要达到的预期结果和标准
		思政教学内容（B12）	思政教学过程中向学生传授的知识和技能,以及灌输的思想和观点的总和
		思政教学方法（B13）	思政教育过程中采用的一系列策略和手段
		思政教学评价（B14）	对思政教育活动及其效果进行全面、客观、系统的评估和判断的过程

(续表)

一级指标	二级指标	三级指标	指标内涵
载体层面(B)	体育活动(B2)	自主体育(B21)	在学校进行的自主体育活动,包括中小学的课间活动、高校课余时间的自主锻炼活动
		体育社团(B22)	以体育运动为目的或活动内容的有组织的学生体育团体
	课余训练(B3)	校队训练(B31)	利用课余时间开展的某个专项训练
		体育竞赛(B32)	学生利用课余时间参加的有组织的体育比赛
环境层面(C)	学校环境(C1)	制度环境(C11)	为确保思政教育的有效实施和持续发展所制定的一系列规章制度、政策措施和管理机制
		资源环境(C12)	为确保思政教育的有效实施和持续发展,学校提供的物质和经费的支持情况
		培训环境(C13)	学校对教师开展的思政学习进修情况
		教研环境(C14)	学校组织开展的教师思政教研活动情况
		文化环境(C15)	学校营造的思政教育校园文化情况
	家庭环境(C2)	家长支持(C21)	家长对学校开展思政教育的态度情况
		家长参与(C22)	家长配合学校开展思政教育的情况
	社会环境(C3)	社会宣传(C31)	社会网络、媒体对思政教育的宣传情况
		体育培训机构(C32)	社会培训机构对学生思政教育的情况

2. 第一轮专家问卷结果

通过对15位来自北京、江苏、辽宁、陕西、广东等省市的大中小学校体育领域的专家进行调查,指标的重要程度采用的是Likert 5级评分,从"非常不重要"至"非常重要"依次赋值1~5分,对本研究的一级、二级、三级指标进行评价和打分,结果见表4.2。

表4.2 学校体育课程思政评价各级指标统计参数(第一次)

指标	均值	标准差	变异系数(CV)
A	4.867	0.352	0.072
B	4.800	0.414	0.086
C	4.733	0.458	0.097
A1	4.677	0.724	0.155
A2	4.533	0.915	0.202

(续表)

指标	均值	标准差	变异系数(CV)
A3	2.533	0.915	0.361
B1	4.733	0.594	0.125
B2	4.467	0.516	0.116
B3	4.400	0.910	0.207
C1	4.667	0.488	0.105
C2	4.133	0.990	0.240
C3	4.067	0.961	0.236
A11	4.667	0.617	0.132
A12	4.267	0.704	0.165
A13	3.800	1.320	0.347
A14	4.533	0.743	0.164
A15	4.333	1.047	0.242
A16	4.467	0.834	0.187
A17	4.600	0.632	0.137
A21	4.400	0.737	0.167
A22	4.733	0.458	0.097
A23	4.800	0.414	0.086
A24	4.333	0.617	0.142
A31	2.067	0.704	0.341
A32	1.800	0.676	0.376
B11	4.267	1.033	0.242
B12	4.333	0.900	0.208
B13	4.200	0.941	0.224
B14	4.400	0.828	0.188
B21	4.467	0.743	0.166
B22	4.533	0.915	0.202
B31	4.400	0.910	0.207
B32	4.133	0.915	0.221

(续表)

指标	均值	标准差	变异系数(CV)
C11	4.333	0.900	0.208
C12	4.467	0.834	0.187
C13	4.733	0.594	0.125
C14	4.600	0.828	0.180
C15	4.267	0.884	0.207
C21	3.667	0.976	0.266
C22	3.400	1.056	0.310
C31	3.600	0.910	0.253
C32	3.467	0.915	0.264

在学校体育课程思政初设指标评价过程中,通过对专家的评分及修改建议进行整理分析,相关指标修改如下:

一级指标平均值均大于4,标准差小于1,变异系数小于0.25,都在可接受范围内。

二级指标中"管理者"均值为2.533,小于4,并且变异系数为0.361,大于0.25,因此将该指标剔除。

三级指标中"职业认知"均值为3.800,小于4,并且变异系数为0.347,大于0.25,因此将该指标剔除;"管理者思政认知"和"管理者思政管理"均值分别为2.067、1.800,均小于4,变异系数分别为0.341、0.376,均大于0.25,因此将这两项指标剔除;"家长支持""家长参与""社会宣传""体育培训机构"均值分别为3.667、3.400、3.600、3.467,均小于4,变异系数分别为0.266、0.310、0.253、0.264,均大于0.25,这4个三级指标应该剔除,但结合家庭和社会环境对学校体育课程思政的开展具有一定的影响作用,将家庭和社会环境进行合并,统称为校外环境,相应的三级指标归类为"家庭支持""社会媒体""社会体育培训"。

3. 第二轮专家问卷结果

第二轮专家问卷与第一轮专家问卷采用相同的发放方式,继续对15位专家进行调查,问卷中指标的重要程度采用的是Likert 5级评分,从"非常重要"至"非常不重要"依次赋值1~5分,再次对本研究的一级、二级、三级指标进行评价和打分,结果见表4.3。

表 4.3　学校体育课程思政评价各级指标统计参数(第二次)

指标	均值	标准差	变异系数(CV)
A	4.867	0.352	0.072
B	4.800	0.414	0.086
C	4.733	0.458	0.097
A1	4.733	0.594	0.125
A2	4.667	0.617	0.132
B1	4.733	0.458	0.097
B2	4.533	0.516	0.114
B3	4.467	0.834	0.187
C1	4.867	0.352	0.072
C2	4.200	0.941	0.224
A11	4.733	0.594	0.125
A12	4.333	0.617	0.142
A14	4.533	0.743	0.164
A15	4.400	0.910	0.207
A16	4.533	0.640	0.141
A17	4.600	0.632	0.137
A21	4.467	0.640	0.143
A22	4.733	0.458	0.097
A23	4.667	0.488	0.105
A24	4.333	0.617	0.142
B11	4.333	0.900	0.208
B12	4.400	0.828	0.188
B13	4.267	0.884	0.207
B14	4.467	0.743	0.166
B21	4.333	0.816	0.188
B22	4.400	0.828	0.188
B31	4.267	0.799	0.187
B32	4.133	0.915	0.221

(续表)

指标	均值	标准差	变异系数(CV)
C11	4.467	0.743	0.166
C12	4.600	0.737	0.160
C13	4.667	0.617	0.132
C14	4.600	0.828	0.180
C15	4.333	0.861	0.188
C21	4.000	0.655	0.164
C22	4.133	0.743	0.180
C23	4.000	0.756	0.189

通过第二次专家问卷调查后的结果分析可以看出,一级指标的均值在4.733～4.867之间,标准差在0.352～0.458之间,变异系数在0.072～0.097之间,均在可接受范围内;二级指标均值在4.200～4.867之间,标准差在0.352～0.941之间,变异系数在0.072～0.224之间,均在可接受范围内;三级指标均值在4.000～4.733之间,标准差在0.458～0.915之间,变异系数在0.097～0.221之间,均在可接受范围内。

4. 评价指标体系的正式确立

本研究经过两轮专家问卷法,最终确定了学校体育课程思政的评价指标体系,包括3个一级指标、7个二级指标、26个三级指标,具体指标见表4.4。

表4.4 学校体育课程思政评价指标体系

一级指标	二级指标	三级指标	指标内涵
主体层面(A)	教师(A1)	思政认知(A11)	教师在教育教学过程中,对思政教育理念、目标、内容、方法及其重要性的理解和认识
		学情认知(A12)	教师对学生学习情况的全面了解和深刻理解
		共情能力(A13)	教师能够设身处地地体验学生处境并对学生的情感产生共鸣的能力
		沟通能力(A14)	教师在与学生交往中,有效地表达与接收、回应学生信息的能力
		教学能力(A15)	教师综合完成体育和思政教学任务的能力
		研究能力(A16)	教师综合地、灵活地运用已有的知识进行创造性思政教育的能力

(续表)

一级指标	二级指标	三级指标	指标内涵
主体层面(A)	学生(A2)	思政认同度(A21)	学生在接受思政教育过程中,对内容、价值、理念等所产生的认同程度和接受程度
		学习参与度(A22)	学生在学习过程中投入的时间、精力和努力程度,以及他们对学习活动的积极参与和互动情况
		学习体验度(A23)	学生在学习过程中所获得的感受、情感和认知的总和
		学习满意度(A24)	学生在学习活动或过程中,其愿望及需求能够得到满足的一种感觉或态度
载体层面(B)	体育教学(B1)	思政教学目标(B11)	思政教学活动的主体在教学活动中所要达到的预期结果和标准
		思政教学内容(B12)	思政教学过程中向学生传授的知识和技能,以及灌输的思想和观点的总和
		思政教学方法(B13)	思政教育过程中采用的一系列策略和手段
		思政教学评价(B14)	对思政教育活动及其效果进行全面、客观、系统的评估和判断的过程
	体育活动(B2)	自主体育(B21)	在学校进行的自主体育活动,包括中小学的课间活动、高校课余时间的自主锻炼活动
		体育社团(B22)	以体育运动为目的或活动内容的有组织的学生体育团体
	课余训练(B3)	校队训练(B31)	利用课余时间开展的某个专项训练
		体育竞赛(B32)	学生利用课余时间参加的有组织的体育比赛
环境层面(C)	学校环境(C1)	制度环境(C11)	为确保思政教育的有效实施和持续发展所制定的一系列规章制度、政策措施和管理机制
		资源环境(C12)	为确保思政教育的有效实施和持续发展,学校提供的物质和经费的支持情况
		培训环境(C13)	学校对教师开展的思政学习进修情况
		教研环境(C14)	学校组织开展的教师思政教研活动情况
		文化环境(C15)	学校营造的思政教育校园文化情况
	校外环境(C2)	家庭支持(C21)	家庭对学校开展思政教育的支持情况
		社会媒体(C22)	社会网络、媒体对思政教育的宣传情况
		社会体育培训(C23)	社会体育培训机构对学生思政教育的情况

(二) 指标体系中各级指标权重

本研究采用层次分析法确定权重,建立学校体育课程思政评价指标层次结构模型,构建出每一级指标的判断矩阵、层次单排序及一致性检验、层次总排序,进而确定权重。

1. 建立层次结构模型

层次结构模型共分为 4 个层次:目标层为学校体育课程思政评价指标体系;准则层为 3 个一级指标,分别为主体层面、载体层面、环境层面;子准则层为 7 个二级指标;方案层为 26 个三级指标,如图 4.5 所示。

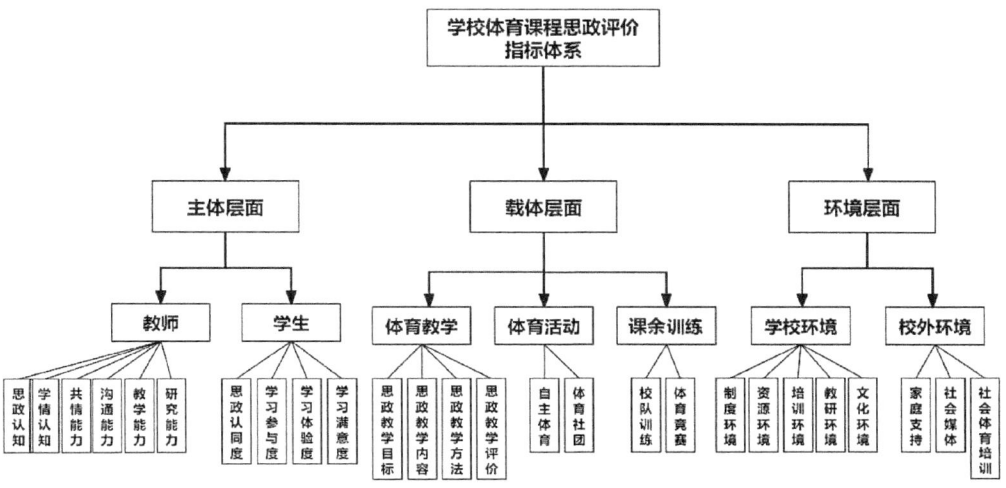

图 4.5 学校体育课程思政评价体系层次结构图

2. 计算各级指标权重系数

使用 SPSS PRO 数据在线分析软件对各级指标进行层次分析(AHP),计算各级指标权重系数,结果见表 4.5、表 4.6、表 4.7。

表 4.5 学校体育课程思政评价一级指标权重

一级指标	特征向量	权重值/%	最大特征根	CI 值	RI 值	CR 值
主体层面	1.617	53.896				
载体层面	0.892	29.726	3.009	0.005	0.525	0.009
环境层面	0.491	16.378				

表4.6 学校体育课程思政评价二级指标权重

二级指标	特征向量	权重值/%	最大特征根	CI值	RI值	CR值
教师	1.333	66.667	2.000	0	0	0
学生	0.667	33.333				
体育教学	1.471	49.048	3.054	0.027	0.525	0.051
体育活动	0.936	31.190				
课余训练	0.593	19.762				
学校环境	1.333	66.667	2.000	0	0	0
校外环境	0.667	33.333				

表4.7 学校体育课程思政评价三级指标权重

三级指标	特征向量	权重值/%	最大特征根	CI值	RI值	CR值
思政认知	2.194	36.570	6.157	0.031	1.250	0.025
学情认知	0.306	5.093				
共情能力	0.822	13.699				
沟通能力	0.436	7.263				
教学能力	0.791	13.179				
研究能力	1.452	24.197				
思政认同度	0.551	13.769	4.132	0.044	0.882	0.050
学习参与度	1.829	45.734				
学习体验度	1.199	29.975				
学习满意度	0.421	10.521				
思政教学目标	0.785	19.634	4.199	0.066	0.882	0.075
思政教学内容	1.355	33.875				
思政教学方法	0.458	11.447				
思政教学评价	1.402	35.045				
自主体育	1.333	66.667	2.000	0	0	0
体育社团	0.667	33.333				
校队训练	0.667	33.333	2.000	0	0	0
体育竞赛	1.333	66.667				

（续表）

三级指标	特征向量	权重值/%	最大特征根	CI 值	RI 值	CR 值
制度环境	0.639	12.772	5.052	0.013	1.110	0.012
资源环境	1.094	21.874				
培训环境	1.891	37.819				
教研环境	1.094	21.874				
文化环境	0.283	5.661				
家庭支持	0.593	19.762	3.054	0.027	0.525	0.051
社会媒体	1.471	49.048				
社会体育培训	0.936	31.190				

将上述各级指标权重进行整理，并计算出三级指标最终权重，形成学校体育课程思政评价指标体系权重分析表，见表 4.8。

表 4.8 学校体育课程思政评价指标体系权重分析

一级指标	一级指标权重	二级指标	二级指标权重	三级指标	三级指标权重	最终权重
主体层面（A）	0.539 0	教师（A1）	0.666 7	思政认知（A11）	0.365 7	0.131 4
				学情认知（A12）	0.050 9	0.018 3
				共情能力（A13）	0.137 0	0.049 2
				沟通能力（A14）	0.072 6	0.026 1
				教学能力（A15）	0.131 8	0.047 4
				研究能力（A16）	0.242 0	0.087 0
		学生（A2）	0.333 3	思政认同度（A21）	0.137 7	0.024 7
				学习参与度（A22）	0.457 3	0.082 2
				学习体验度（A23）	0.299 8	0.053 9
				学习满意度（A24）	0.105 2	0.018 9
载体层面（B）	0.297 3	体育教学（B1）	0.490 5	思政教学目标（B11）	0.196 3	0.028 6
				思政教学内容（B12）	0.338 8	0.049 4
				思政教学方法（B13）	0.114 5	0.016 7
				思政教学评价（B14）	0.350 5	0.051 1

(续表)

一级指标	一级指标权重	二级指标	二级指标权重	三级指标	三级指标权重	最终权重
载体层面（B）	0.297 3	体育活动（B2）	0.311 9	自主体育（B21）	0.666 7	0.061 8
				体育社团（B22）	0.333 3	0.030 9
		课余训练（B3）	0.197 6	校队训练（B31）	0.333 3	0.019 6
				体育竞赛（B32）	0.666 7	0.039 2
环境层面（C）	0.163 8	学校环境（C1）	0.666 7	制度环境（C11）	0.127 7	0.013 9
				资源环境（C12）	0.218 7	0.023 9
				培训环境（C13）	0.378 2	0.041 3
				教研环境（C14）	0.218 7	0.023 9
				文化环境（C15）	0.056 6	0.006 2
		校外环境（C2）	0.333 3	家庭支持（C21）	0.197 6	0.010 8
				社会媒体（C22）	0.490 5	0.026 8
				社会体育培训（C23）	0.311 9	0.017 0

3. 学校体育课程思政评价指标评分

根据上述学校体育课程思政评价指标权重,对指标体系以满分100分进行量化,具体各级指标分数见表4.9。

表4.9 学校体育课程思政评价指标分数

一级指标	一级指标分数	二级指标	二级指标分数	三级指标	三级指标分数
主体层面（A）	54分	教师（A1）	37分	思政认知（A11）	13分
				学情认知（A12）	2分
				共情能力（A13）	5分
				沟通能力（A14）	3分
				教学能力（A15）	5分
				研究能力（A16）	9分
		学生（A2）	17分	思政认同度（A21）	2分
				学习参与度（A22）	8分
				学习体验度（A23）	5分
				学习满意度（A24）	2分

(续表)

一级指标	一级指标分数	二级指标	二级指标分数	三级指标	三级指标分数
载体层面（B）	30分	体育教学（B1）	15分	思政教学目标(B11)	3分
				思政教学内容(B12)	5分
				思政教学方法(B13)	2分
				思政教学评价(B14)	5分
		体育活动（B2）	9分	自主体育(B21)	6分
				体育社团(B22)	3分
		课余训练（B3）	6分	校队训练(B31)	2分
				体育竞赛(B32)	4分
环境层面（C）	16分	学校环境（C1）	10分	制度环境(C11)	1分
				资源环境(C12)	2分
				培训环境(C13)	4分
				教研环境(C14)	2分
				文化环境(C15)	1分
		校外环境（C2）	6分	家庭支持(C21)	1分
				社会媒体(C22)	3分
				社会体育培训(C23)	2分

二、学校体育课程思政实施现状的调查结果

本研究根据已构建的学校体育课程思政评价指标体系编制问卷，并对编制的问卷进行修订与验证，进而形成正式的调查问卷。问卷包括基本情况（6个条目）、思政情况（50个条目）、其他情况（11个条目），在思政情况的50个条目中，采用Likert 5级评分法，按照"非常符合、符合、一般、不符合、非常不符合"，依次赋值"5、4、3、2、1"，并通过问卷星平台随机调查江苏省各市及乡镇中小学体育教师549人，高校体育教师180人。

（一）中小学体育课程思政调查分析

1. 中小学体育课程思政调查对象基本情况

为了更好地了解中小学体育课程思政的开展情况，对江苏省各市及乡镇中小

学体育教师的基本情况进行了随机抽样调查,具体调查结果见表4.10。

表4.10 中小学体育教师基本情况($N=549$)

总项	选项	人数/人	占比/%
性别	男	363	66.1
	女	186	33.9
学校类型	城区中学	162	29.5
	城区小学	213	38.8
	乡镇中学	57	10.4
	乡镇小学	117	21.3
学历	大专及以下	0	0.0
	本科	468	85.2
	硕士研究生	80	14.6
	博士研究生	1	0.2
教龄	5年及以下	192	35.0
	6～10年	126	23.0
	11～15年	72	13.1
	16～20年	63	11.5
	20年以上	96	17.5
职称	未定级	90	16.4
	三级教师	14	2.6
	二级教师	138	25.1
	一级教师	210	38.3
	高级教师	96	17.5
	正高级教师	1	0.2
周平均课时	5节及以下	3	0.5
	6～8节	42	7.7
	9～12节	147	26.8
	12节以上	357	65.0

从对中小学体育教师抽样调查的基本情况可知,目前体育教师群体男女比例还是存在较大差距,男体育教师明显多于女体育教师;不过,体育教师整体学历明

显提高,硕士研究生及以上学历占到了14.8%,与教育部基础教育司司长吕玉刚在2022年教育部召开的"教育这十年"系列第七场新闻发布会上公布的数据——全国普通高中专任教师硕士及以上学历占比12.4%相比较,充分说明体育教师整体素质在稳步提升。同时,体育教师获得高级职称的比例达到了17.7%,这与近年来中小学教师职称改革有很大关系,为中小学教师提供了晋升通道。在调查对象中,城区中小学体育教师比例达到了68.3%,明显多于乡镇中小学,这与乡村人口向城市转移、人口出生率下降等多种因素有关,在一定程度上造成了乡镇中小学的逐渐萎缩。

2. 中小学体育课程思政评价得分情况

通过对随机抽取的549名江苏省各市及乡镇中小学体育教师的问卷调查,运用前文设计的学校体育课程思政评价指标体系评分标准及SPSS26.0软件对问卷所得数据进行统计分析,对中小学体育课程思政的总体情况进行打分,具体情况见表4.11。

表4.11 中小学体育课程思政总体得分情况($N=549$)

一级指标	满分/分	最小值/分	最大值/分	均值/分	标准差
主体层面分数	54.00	10.80	47.10	36.35	6.173
载体层面分数	30.00	6.00	26.40	21.02	3.315
环境层面分数	16.00	3.20	14.40	10.95	1.897
总体得分	100.00	20.00	81.85	68.31	10.541

如果对得分进行5个等级划分,60分以下为不及格水平,60~64分为及格水平,65~74分为一般水平,75~84分为良好水平,85分及以上为优秀水平。中小学体育课程思政总体情况得分均值为68.31分,处于一般水平,其中最高分为81.85分,最低分为20分,分数的差距比较大。通过实地走访部分中小学体育教师了解到,一些学校并没有进行课程思政的宣传和学习,部分中小学体育教师并不了解课程思政的提出背景以及基本内涵,在实际教学中也没有开展相应的教学研究和实践。还有一些乡镇中小学,体育师资力量不足,体育课的正常开展都存在一定困难,更不用说体育课课程思政的有效开展。

进一步对中小学体育课程思政各维度得分进行统计,统计汇总见表4.12。从各维度具体得分情况来看,教师维度的得分均值为26.28分,其中最高分为33.45分,最低分为7.4分,按照此维度满分37分计算,教师维度得分率为71%,

处于一般水平。进一步分析该指标,教师的思政认知、共情能力以及研究能力得分率分别为 67％、66％、66％,处于一般水平;学情认知、沟通能力以及教学能力得分率分别为 88％、81％、82％,分别处于优秀、良好、良好水平。可见,中小学体育教师对学生的基本情况有清楚的认知,沟通能力和教学能力也处于一个良好的状态,但是思政认知、教学情感投入以及教学研究能力方面还需要进一步提升。体育教师的思政认知主要是指教师对体育课开展课程思政的认知程度和理解深度,更是他们在教学实践中如何融入思政元素,以及如何在运动技能传授的同时传递正确的世界观、人生观和价值观的体现。但是,在实际中小学体育教学中,部分中小学体育教师思政认知的觉悟不够高,仍然认为只要教好运动技术就可以了,忽视了思想引领的重要性,缺少对学生思政教育的关注。同时,中小学体育教师在体育教学中还延续着传统的"权威"地位,对学生要求的考虑多于对学生需求的考虑,难以换位思考、充分理解学生的实际想法。在处理师生关系时,往往处于一种高高在上的姿态,缺乏与学生之间的平等交流和互动。结果,不仅难以激发学生的学习兴趣和积极性,还可能导致学生对体育课程思政的抵触和反感。此外,中小学体育教师往往工作负担比较重,每周课时量基本为 15～20 课时,再加上组织早操、大课间活动、课余训练等工作,体育教师疲于完成既有工作,很少有自由的时间开展研究工作,这也导致了中小学体育教师在课程思政实践创新等方面步履维艰。

表 4.12　中小学体育课程思政各维度得分情况($N=549$)

二、三级指标	满分/分	最小值/分	最大值/分	均值/分	标准差
教师总分	37.00	7.40	33.45	26.28	4.513
思政认知	13.00	2.60	12.35	8.71	2.220
学情认知	2.00	0.40	2.00	1.75	0.351
共情能力	5.00	1.00	4.00	3.28	0.640
沟通能力	3.00	0.60	3.00	2.44	0.665
教学能力	5.00	1.00	5.00	4.12	1.096
研究能力	9.00	1.80	8.10	5.98	1.338
学生总分	17.00	3.40	17.00	10.07	2.494
思政认同度	2.00	0.40	2.00	1.37	0.299
学习参与度	8.00	1.60	8.00	5.49	1.193

(续表)

二、三级指标	满分/分	最小值/分	最大值/分	均值/分	标准差
学习体验度	5.00	1.00	5.00	1.86	1.051
学习满意度	2.00	0.40	2.00	1.35	0.295
体育教学总分	15.00	3.00	15.00	10.42	1.959
思政教学目标	3.00	0.60	3.00	2.50	0.619
思政教学内容	5.00	1.00	5.00	3.30	0.732
思政教学方法	2.00	0.40	2.00	1.32	0.292
思政教学评价	5.00	1.00	5.00	3.30	0.710
体育活动总分	9.00	1.80	9.00	5.96	1.246
自主体育	6.00	1.20	6.00	3.95	0.868
体育社团	3.00	0.60	3.00	2.01	0.434
课余训练总分	6.00	1.20	6.00	4.63	1.094
校队训练	2.00	0.40	2.00	1.63	0.381
体育竞赛	4.00	0.80	4.00	3.00	0.813
学校环境总分	10.00	2.00	10.00	6.94	1.470
制度环境	1.00	0.20	1.00	0.80	0.229
资源环境	2.00	0.40	2.00	1.50	0.434
培训环境	4.00	0.80	4.00	2.54	0.640
教研环境	2.00	0.40	2.00	1.29	0.332
文化环境	1.00	0.20	1.00	0.81	0.205
校外环境总分	6.00	1.20	6.00	4.00	0.864
家庭支持	1.00	0.20	1.00	0.69	0.182
社会媒体	3.00	0.60	3.00	2.00	0.468
社会体育培训	2.00	0.40	2.00	1.31	0.305

学生维度得分均值为10.07分,其中最高分为17分,最低分为3.4分,按照此维度满分17分计算,学生维度得分率为59%,处于不及格水平。进一步分析该指标,学生的思政认同度、学习参与度、学习满意度得分率分别为69%、69%、68%,处于一般水平,但是学习体验度得分率为37%,处于不及格水平。学生的学习体验度主要是指学生在体育学习活动参与过程中或参与后所获得的结果。

学生通过亲身体验体育老师所设定的思政内容或思政情景,再通过想象来转移情绪、反思来感悟动作等各种心理活动的动荡碰撞和融合,来唤醒自己已有的情绪感知体验,使新获得的体验内化,最终吸收成为具有自己个性化的技能或情感体验,产生新的选择、新的特征和新的行为。对于体育课程思政建设来说,学习体验度是一个重要的影响因素。学习体验度低说明在体育活动中教师并没有激发出学生对思政教育的情感或感悟,难以使学生获得体验内化并转换成新的行为。

体育教学维度得分均值为 10.42 分,其中最高分为 15 分,最低分为 3 分,按照此维度满分 15 分计算,体育教学维度得分率为 70%,处于一般水平。进一步分析该指标,思政教学目标得分率为 83%,处于良好水平,而思政教学内容、思政教学方法、思政教学评价得分率均为 66%,处于一般水平。通过走访部分中小学体育教师了解到,在设计教学目标时,一般根据 2022 年新课标要求,从运动能力、健康行为以及体育品德三个方面进行设计,或者沿用过去知识、能力、情感发展等三个方面设计。但是不论是哪种教学目标设计,都有思政教育的痕迹,这说明体育教师对体育课程思政所要实现的育人目标有一定的了解,但是在具体操作中还存在一定问题。例如,在思政教学内容上,可能尚未充分贴合学生实际和时代需求,缺乏足够的吸引力和针对性;在教学方法上,传统的讲授式教学仍占主导,未能充分利用现代信息技术手段,增强教学的互动性和趣味性;在教学评价体系中,对思政教育成效的评估方式较为单一,往往侧重于知识掌握情况,而忽视了学生情感态度价值观的转变。

体育活动维度得分均值为 5.96 分,其中最高分为 9 分,最低分为 1.8 分,按照此维度满分 9 分计算,体育活动维度得分率为 66%,处于一般水平。进一步分析该指标,自主体育和体育社团得分率分别为 66%、67%,处于一般水平。中小学自主体育活动主要包括学生课间活动。在课间体育活动中,大课间一般是学校统一组织的课外体育活动,不仅为学生提供了充足的运动时间,还通过严格的纪律和规范要求,潜移默化地对学生进行思想教育。在大课间活动中,学生们进行集体操或跑步锻炼,这些活动不仅锻炼了学生的身体素质,还培养了他们的集体荣誉感和团队协作能力。除了大课间活动之外,其他课间活动则更多地体现了学生的自主性和创造性。学生们可以在这些自由时间里,根据自己的兴趣和喜好选择参与体育游戏或比赛。这些活动不仅丰富了学生的课余生活,还促进了学生之间的交流与互动,增强了班级的凝聚力。另一方面,体育社团活动作为学校体育教学的重要组成部分,也发挥着不可替代的作用。这些活动一般由教师组织,并围绕某一特定的体育项目展开。参加的学生往往是对该项目充满兴趣和热情的群体,他们通过参与社团活动,不仅可以深入学习体育知识和技能,还可以结交志同道合的朋友,共同追求体育梦想。但是,调查发现大部分中小学体育活动维度的得分处于一般水平,走访部分中小学发现,由于文化课学业压力的影响,无论是课间自主体育活动还是体育社团活动都无法保证正常地进行,学生课间时间被其他课程的老师占用,安排在教室里写作业。在户外进行体育活动的时间都无法保证,也就无法进一步通过课外体育活动开展思政教育了。

课余训练维度得分均值为4.63分,其中最高分为6分,最低分为1.2分,按照此维度满分6分计算,课余训练维度得分率在77%,处于良好水平。进一步分析该指标,校队训练和体育竞赛得分率分别为82%、75%,处于良好水平。校队训练主要是指学校对有体育特长的学生开展某个专项的课余训练,这不仅仅是对学生体能和技能的提升,更是对他们意志品质、团队协作能力以及面对挑战时坚韧不拔精神的锤炼。学校通过组织专业的教练团队,制订科学合理的训练计划,确保每位学生都能在适合自己的节奏中不断进步,为未来的比赛做好充分准备。体育竞赛是校队训练成果的展示平台,更是他们相互学习、交流经验、增进友谊的桥梁。在比赛中,学生们需要克服各种困难和挑战,通过团队协作和个人努力,共同为胜利而奋斗。这种经历不仅让他们更加深刻地理解了体育精神的内涵,也让他们学会了如何在压力之下保持冷静和专注,具有重要的思政教育意义。虽然校队训练和体育竞赛的学生参与人数仅占全体学生的少数比例,但这些训练和竞赛的影响力却远远超出了这个范围。一方面,这些活动和赛事为学生们树立了榜样和标杆,激发了更多学生对体育运动的热爱和追求;另一方面,它们也促进了校园文化的多元化发展,增强了校园的活力和凝聚力。通过实地走访了解,部分中小学体育主管领导对校队训练和体育竞赛还是比较重视的,因为比赛成绩的获得是一所学校体育工作开展效果的一个很好的证明,为此学校可能会在训练和比赛中投入更多的体育资源。但同时也会忽视学校体育工作的其他方面,所以,中小学应该进一步优化体育教学资源配置,尽量确保每位学生都能享受到高质量的体育教育,为学生的全面发展创造更好的条件。

学校环境维度得分均值为6.94分,其中最高分为10分,最低分为2分,按照此维度满分10分计算,学校环境维度得分率为69%,处于一般水平。进一步分析该指标,制度环境和资源环境以及文化环境得分率分别为80%、75%、81%,处于良好水平,培训环境和教研环境得分率分别为64%、65%,处于一般水平。教育部于2022年发布了《关于进一步加强新时代中小学思政课建设的意见》,该文件要求省级教育行政部门研究制定中小学学科德育工作指导意见,研究制定"一校一案"德育工作实施方案,扎实推进三全育人。各地中小学依据实施方案指导"课程思政"教学工作,制定符合地方学校办学特色的制度方案,对规范推进课程思政建设有了一定的约束力。但是,在实地调查中发现,一些学校只是为完成教育管理部门的相关规定,以"最低成本、被动执行"的方式来实施课程思政。有的学校体育课程思政的实施方案只是简单的课程活动方案,只要求了要去做课程思政,但并没有真正落实"如何做",对体育教学指导性不强。这种"形式大于内容"的课程思政实施方式,不仅未能充分发挥体育教育在培养学生全面发展中的独特作用,还可能在一定程度上削弱体育教师对课程思政的认同度和接受度。加之,体育学科并非中小学阶段的核心学科,在场地、器材等资源环境方面存在一定的不足,这也成为体育课程思政有效开展的阻力。

另外,不同中小学在开展体育课程思政培训活动和教研活动方面存在着较大的差异性。在培训活动方面,目前一些体育课程思政培训往往重理论、轻实践,教师们往往被要求聆听专家的讲解,学习思政理论、政策方针等内容。然而,这种培训方式往往忽视了教师们的实际需求和实践能力,导致他们在面对具体的教学情境时,常常感到无所适从,难以将所学理论转化为实际的教学行为。这种培训模式的弊端不仅体现在教师对思政内容的理解上,更在于他们在实际教学中难以有效地融入思政元素,使得体育课程思政的初衷难以得到真正实现。事实上,体育课程思政的实施并非简单的理论灌输,而是需要教师在教学实践中不断探索、尝试和创新的过程。因此,对于中小学体育教师的培训,不能仅仅停留在理论学习的层面,而应该更加注重培养他们的实践能力和创新意识。在教研活动方面,一般都集中在观课、研课、磨课等层面,虽然在一定程度上促进了教师之间的交流与学习,但对于教学中出现的实际问题,却往往缺乏及时、深入的探讨与解决,特别是建立适合本校特色的课程资源库以及开展课题研究方面还比较薄弱,这在一定程度上限制了体育课程思政的深入发展。可见,中小学校在体育课程思政建设方面仍存在一定的盲目性和随意性,缺乏科学、系统的规划与实施。因此,学校应进一步加大对教师培训的投入力度,创新培训模式和方法,提升教师的专业素养和教学能力;同时,加强教研活动的组织与管理,鼓励教师积极参与教学研究和实践探索,推动教学质量的持续提升。

校外环境维度得分均值为 4 分,其中最高分为 6 分,最低分为 1.2 分,按照此维度满分 6 分计算,校外环境维度得分率为 67%,处于一般水平。进一步分析该指标,家庭支持、社会媒体以及社会体育培训得分率分别为69%、67%、66%,处于一般水平。中小学体育课程思政建设不是一个孤立的教育活动,需要学校、社会、家庭多方主体的共同参与和介入,每个环节的发挥对整体课程思政的落实都具有一定的影响作用,但是,目前各主体间处于一种相对割裂的发展模式。政府负责制定相关总领性文件,各地教育部门进一步细化政策内容,学校是课程思政实施的主战场,发挥着关键作用,社会单位结合自身特点辅助学校课程思政建设的顺利开展,家庭教育通过父母言传身教为孩子树立示范作用。但是,通过实地走访调查发现,学校、社会和家庭在体育课程思政建设方面并没有形成真正意义上的"协同效应"。在学生家长层面,家长缺少与孩子之间的亲子体育活动以及对体育课程思政重要性的深刻认识。他们往往更关注学生的学业成绩,而忽视了体育活动在塑造孩子品格、培养团队精神及提升综合素质方面的重要作用。部分家长甚至认为体育课程思政是学校的责任,与自己无关,这种观念在一定程度上阻碍了体育课程思政在家庭中的延伸与深化。在社会层面,社会媒体对体育课程思政的报道和宣传相对较少,未能形成广泛的社会影响力。尽管近年来"健康中国"等理念深入人心,但具体到体育课程思政的实践与成果展示,仍缺乏足够的关注度和传播力。此外,社会体育培训机构虽然数量众多,但大多聚焦于技能培训和体能提升,对于将思政教育融入体育教学的尝试和探索较为有限,未能与学校形成有效互补。由此可见,在体育课程思政建设方面,学校、社会和家庭并未形成"三位一体"的协同育人机制。各主体之间缺乏必要的交流合作,缺少诸如"校企合作""政校合作""家校合作"等联动发展模式,关系定位不明确,导致各主体处在相对闭塞的环境中,对体育课程思政建设措施各抒己见,无法达成共识,大大限制了建设方案的多元化、共享式发展。为此,学校、社会和家庭之间需要建立更加紧密的联动发展模式,例如,通过"政校合作"确保政策的有效落地和学校的长远发展,通过"校企合作"为企业和学校搭建起沟通的桥梁,实现资源共享和优势互补,通过"家校合作"加强家庭教育和学校教育的衔接,形成教育合力。

总之,中小学体育课程思政建设是一项长期而艰巨的任务。它需要政府、学校、社会、家庭等多方主体的共同努力和协作配合,只有打破隔阂、加强交流、形成合力时,才能真正推动体育课程思政建设的深入发展,为培养德、智、体、美、劳全面发展的社会主义建设者和接班人奠定基础。

(二)高校体育课程思政调查分析

高校体育一般分为高校专业体育教育和高校公共体育教育。高校专业体育教育主要面向体育专业学生开展,而公共体育教育面向非体育专业学生。相比较而言,高校公共体育教育的受众学生人数较为广泛,更具有普遍性。因此,本研究在实施调查时,主要调查对象为承担高校公共体育的体育教师,调查内容也是指高校公共体育课程思政的实施现状。

1. 高校体育课程思政调查对象基本情况

为了更好地了解高校公共体育课程思政的开展情况,对江苏省部分高校公共体育教师的基本情况进行了随机抽样调查,具体调查结果见表4.13。

表4.13 高校体育教师基本情况($N=180$)

总项	选项	人数/人	占比/%
性别	男	96	53.4
	女	84	46.7
学校层次	985大学	4	2.2
	211大学	21	11.7
	省属本科	82	45.6
	市属本科	68	37.8
	民办本科	5	2.8
学历	大专及以下	1	0.5
	本科	59	32.8
	硕士研究生	100	55.6
	博士研究生	20	11.1
教龄	5年及以下	36	20.0
	6~10年	24	13.3
	11~15年	32	17.8
	16~20年	28	15.6
	20年以上	60	33.3
职称	助教	28	15.6
	讲师	68	37.8
	副教授	52	28.9
	教授	32	17.8
周平均课时	5节及以下	52	28.9
	6~8节	64	35.6
	9~12节	32	17.8
	12节以上	32	17.8

从对高校体育教师抽样调查的基本情况可知,目前高校体育教师群体男女比例数量的差距不大,总体上男体育教师数量多于女体育教师;体育教师整体学历以硕士研究生及以上学历为主,占到了66.7%,这与近几年高校招聘教师必须是硕士研究生以上的入职要求有关,而且还有高校的博士化工程,也促使越来越多的高校体育教师追求高学历发展。高校体育教师的周平均课时明显低于中小学体育教师,这使得高校体育教师有更多自由的时间开展教研和科研活动。

2. 高校体育课程思政评价得分情况

通过对随机抽取的180名江苏省各高校体育教师的问卷调查,运用前文设计的学校体育课程思政评价指标体系评分标准及SPSS26.0软件对问卷所得数据进行统计分析,对高校体育课程思政的总体情况进行打分,具体情况见表4.14。

表4.14 高校体育课程思政总体得分情况($N=180$)

一级指标	满分/分	最小值/分	最大值/分	均值/分	标准差
主体层面分数	54.00	29.65	50.10	41.46	5.077
载体层面分数	30.00	12.20	30.00	22.86	3.182
环境层面分数	16.00	8.00	16.00	12.72	2.049
总体得分	100.00	53.80	91.00	77.04	8.348

同样,对高校体育课程思政得分进行5个等级划分,60分以下为不及格水平,60~64分为及格水平,65~74分为一般水平,75~84分为良好水平,85分及以上为优秀水平。高校体育课程思政总体情况得分均值为77.04分,处于良好水平,其中最高分91分,最低分53.8分。从调查数据来看,高校体育课程思政总体得分均值高于中小学体育课程思政,说明高校体育课程思政建设总体状态好于中小学。其中主要原因可能是高校作为高等教育机构紧随国家政策,不断更新教育理念。近年来,党和国家高度重视课程思政建设,2016年习近平总书记在全国高校思想思政工作会议上指出"要用好课堂教学这个主渠道,思想政治理论课要坚持在改进中加强,提升思想政治教育亲和力和针对性"。为深入贯彻党的教育方针,2020年4月22日,教育部等部门印发的《关于加快构建高校思想政治工作体系的意见》中强调要深入推进各门各类学科的课程思政建设,构建全面覆盖、类型丰富、层次递进、相互支撑的课程体系。同年5月28日又印发了《高等学校课程思政建设指导纲要》(简称《纲要》),《纲要》中明确提出要全面推进课程思政建设,发挥好每一课程的协同作用,"让所有高校、所有教师、所有课程都承担好育人责任,

守好一段渠、种好责任田,使各类课程与思政课程同向同行"。可见,教育部及各级教育主管部门对高校课程思政建设的推动力度较大,为高校体育课程思政建设提供了有力保障。相比之下,中小学虽然也面临政策推动,但可能由于对课程思政重视程度和认识深度不足,以及资源分配、师资力量等方面的限制,实施效果相对较弱。

进一步对高校体育课程思政各维度得分进行统计,统计汇总见表4.15。

表4.15 高校体育课程思政各维度得分情况($N=180$)

二、三级指标	满分/分	最小值/分	最大值/分	均值/分	标准差
教师总分	37.00	16.80	36.10	28.83	4.197
思政认知	13.00	3.90	13.00	10.99	1.913
学情认知	2.00	0.80	2.00	1.46	0.295
共情能力	5.00	2.00	5.00	3.31	0.941
沟通能力	3.00	1.20	3.00	2.23	0.432
教学能力	5.00	2.00	5.00	3.78	0.843
研究能力	9.00	3.60	9.00	7.06	1.232
学生总分	17.00	6.40	15.80	12.63	2.187
思政认同度	2.00	0.80	2.00	1.50	0.292
学习参与度	8.00	1.60	8.00	5.80	1.447
学习体验度	5.00	3.00	5.00	3.84	0.667
学习满意度	2.00	0.80	2.00	1.49	0.418
体育教学总分	15.00	7.60	15.00	10.96	1.738
思政教学目标	3.00	1.20	3.00	2.20	0.507
思政教学内容	5.00	2.00	5.00	3.81	0.695
思政教学方法	2.00	0.80	2.00	1.50	0.340
思政教学评价	5.00	2.00	5.00	3.44	0.749
体育活动总分	9.00	1.80	9.00	7.24	1.239
自主体育	6.00	1.20	6.00	4.59	0.925
体育社团	3.00	0.60	3.00	2.65	0.466
课余训练总分	6.00	1.60	6.00	4.67	0.960
校队训练	2.00	0.40	2.00	1.47	0.369

(续表)

二、三级指标	满分/分	最小值/分	最大值/分	均值/分	标准差
体育竞赛	4.00	0.80	4.00	3.20	0.775
学校环境总分	10.00	4.10	10.00	8.14	1.463
制度环境	1.00	0.60	1.00	0.88	0.148
资源环境	2.00	0.40	2.00	1.53	0.408
培训环境	4.00	0.80	4.00	3.16	0.738
教研环境	2.00	1.00	2.00	1.72	0.309
文化环境	1.00	0.20	1.00	0.87	0.168
校外环境总分	6.00	1.20	6.00	4.57	1.069
家庭支持	1.00	0.20	1.00	0.83	0.197
社会媒体	3.00	0.60	3.00	2.28	0.562
社会体育培训	2.00	0.40	2.00	1.47	0.455

从各维度具体得分情况来看,教师维度的得分均值为28.83分,其中最高分为36.1分,最低分为16.8分,按照此维度满分37分计算,教师维度得分率为78%,处于良好水平。进一步分析该指标,教师的思政认知、教学能力以及研究能力得分率分别为85%、76%、78%,处于良好水平;学情认知、共情能力以及沟通能力得分率分别为73%、66%、74%,处于一般水平。通过对比高校与中小学体育课程思政教师维度得分可以发现,在思政认知和研究能力方面,高校体育教师得分明显高于中小学体育教师得分,这说明高校体育教师在政治素养与思政教育理解上具备较高的水平,这可能与高校更加重视教师的专业发展及科研能力培养有关。高校作为教育与科研的高地,在日常教学中体育教师不仅要注重运动技能的传授,还要深入学习国家的教育政策,开展教育的各项改革和创新活动,形成较为系统的创新教育体系。此外,高校教师拥有更多的学术资源和交流平台,促进了教育改革的深化和教学研究的创新。这些不仅有助于提升体育教学的质量与效果,更为体育课程思政教育的深入发展提供了坚实的支撑。

在学情认知、沟通能力及教学能力方面,中小学体育教师得分高于高校体育教师。这一结果充分体现了在基础教育阶段中小学体育教师更贴近学生的日常生活,能够更敏锐地捕捉到学生的情感变化和学习需求,从而在教学中灵活运用沟通技巧,激发学生的学习兴趣和动力。可见,基础教育阶段的体育教师们更多关注的是教学实践能力的提升,为此也更注重教学实践改革的多样性和实效性,而理论方面的研究较薄弱。但是,在共情能力方面,无论是高校还是中小学,体育教师的得分都相对较低。这说明在推进体育课程思政建设的过程中,需要特别关注教师共情能力的培养。共情能力是教师理解学生情感、体验学生需求、建立良好师生关系的重要基础,共情能力不足可能影响师生之间的有效沟通与情感共鸣。因此,体育教师只有具备了较强的共情能力,才能更准确地把握学生的思想动态和心理变化,从而更有效地开展思想政治教育。

学生维度得分均值为 12.63 分,其中最高分为 15.8 分,最低分为 6.4 分,按照此维度满分 17 分计算,学生维度得分率为 74%,处于一般水平。进一步分析该指标,学生的思政认同度、学习体验度以及学习满意度得分率分别为 75%、77%、75%,处于良好水平,但是学习参与度得分率为 73%,处于一般水平。通过对比高校与中小学体育课程思政学生维度得分可以发现,从总体得分均值来看,高校学生处于一般水平,而中小学生得分处于不及格水平。这一差距可能源于多方面因素,如教育资源的分配、教师职业素养、学生认知发展水平等。一般来说,高校通常拥有更为丰富的教育资源和更为优质的师资配备,能够更有效地将思政教育融入体育课程之中,而中小学则可能面临师资短缺、考试课程压力大等实际困难,影响了思政教育在体育课程中的有效渗透。进一步分析具体指标,在思政认同度方面,高校学生处于良好水平,而中小学生处于一般水平。思政认同度主要是指学生是否认同体育课教学中所带有的价值导向的教育功能,主要包括学生是否认同通过体育学习不仅要获得运动知识和技能,还要能够提高思想品质,树立正确价值观等课程思政内容。通过调查结果可以看出,大学生的认同度略高。这可能与大学生更为成熟的认知能力有关。从学生认知发展的角度来看,大学生通常具有更为成熟的认知能力和更为广泛的知识储备,能够更深入地理解和认同思政内容。而中小学生则可能由于年龄和认知水平的限制,对思政内容的理解和认同存在一定困难。在学习体验度方面,大学生得分明显高于中小学生。中小学生学习体验度低,说明中小学体育在课程设置与内容设计、教学方法与手段以及体育设施与器材等方面存在一定的问题,忽视了对学生体育兴趣、运动习惯及终身体育意识的培养,使得学生在体育课上难以获得丰富的情感体验和成就感。在学习参与度方面,大学生得分也高于中小学生。学习参与度主要指学生能否接受体育学习过程中运动技能学习与思政教育相结合,愿意在体育教师讲授的知识、布置的任务上付诸时间和精力。虽然,通过调查发现大学生在学习参与度上得分高于中小学生，但是两者均处于一般水平。这说明无论是在高校还是中小学，都需要进一步激发学生的学习兴趣和动力，引导他们更积极地参与到体育课程和思政教育中来。通过设计有趣的课堂活动、开展团队合作学习等方式，有效提升学生的参与度。在学习满意度方面，大学生虽然得分高于中小学生，但实际得分也不是很高。学习满意度是指在学生认可和参与的情况下，对课程所学专业知识、感受到的课堂气氛和实现的思想价值的满意度。学习满意度受师生关系的影响，在良好的师生关系下，学生对学校文化和氛围、课程质量、学业经历、整体满意度的增长会有较高的收获。所以，无论是高校体育还是中小学体育都需要进一步加强学生学习反馈机制，更有针对性地提高体育课程思政教育质量，提高学生对体育学习的满意度。

总之，通过对比高校与中小学体育课程思政学生维度得分情况，可以发现两者在思政教育融入体育课程的过程中存在明显的差异。为了进一步提升体育课程思政的实效性，需要针对不同教育阶段的特点和需求制定更为具体和有效的策略措施，同时加强跨学段、跨学科的交流与合作，共同推动体育课程思政的深入发展。只有这样，才能更好地发挥体育课程在促进学生全面发展中的重要作用。

体育教学维度得分均值为10.96分，其中最高分为15分，最低分为7.6分，按照此维度满分15分计算，体育教学维度得分率为73%，处于一般水平。进一步分析该指标，思政教学内容、思政教学方法得分率分别为76%、75%，处于良好水平，而思政教学目标、思政教学评价得分率分别为73%、69%，处于一般水平。通过对比高校和中小学体育教学总体得分水平相差不多。具体而言，高校尽管在思政教学内容和教学方法方面有一定成效，但思政教学目标与评价环节的得分率相对较低，反映了在设定明确、可衡量的思政教学目标以及构建全面、客观的教学评价体系上仍存在不足。这说明高校体育教学需进一步细化思政教学目标，确保其与体育课程紧密结合，并探索更多元化、科学化的评价方式，以全面反映学生在思政与体育双重维度上的成长与进步。例如，高校可以借鉴国内外先进的教育理念与实践经验，结合自身的实际情况与学生特点，制定出既符合时代要求又贴近学生需求的思政教学目标体系。同时，积极探索多元化、科学化的评价方式，如采用过程性评价与终结性评价相结合的方式，引入学生自评与互评机制等，以全面、客观地反映学生的学习成果与成长变化。

相比之下，中小学体育教学在思政教学目标上的得分率达到了良好水平，这可能与中小学阶段更加注重学生品德塑造、价值观引导的教育目标有关。然而，在思政教学内容、方法与教学评价方面，中小学则面临较大的提升空间。这可能是由于中小学体育教师在将思政教育融入日常教学中的能力、资源及经验相对有限，导致在实际操作中难以充分展现思政教育的深度与广度。因此，应加强中小学体育教师队伍的思政教育能力培训，通过系统的培训与学习，体育教师可以更好地掌握思政教育的理论知识与实践技能，提升自身的教学水平与专业素养。同时，学校还应积极丰富教学资源、创新教学方法，为思政教育与体育教学的深度融合提供有力支持。例如，可以引入多媒体教学手段、开展情境教学等新型教学模式，激发学生的学习兴趣与积极性；还可以加强与社区、家庭等外部资源的合作与联动，共同营造良好的教育环境与氛围。通过这些措施的实施，中小学体育教学将能够更好地实现思政教育与体育教育的有机结合，为学生的健康成长与全面发展提供有力保障。总之，无论是高校还是中小学，体育教学维度的得分均显示出体育课程在思政教学目标、教学内容、教学方法以及教学评价方面存在不足，这说明体育课程思政建设在教学实践中还有很大的提升空间。

体育活动维度得分均值为 7.24 分，其中最高分为 9 分，最低分为 1.8 分，按照此维度满分 9 分计算，体育活动维度得分率为 80%，处于良好水平。进一步分析该指标，自主体育得分率为 77%，处于良好水平，体育社团得分率为 88%，处于优秀水平。通过对比，高校在体育活动维度总体得分水平要高于中小学在该维度的得分。这说明高校大学生在课余时间开展各类体育活动和比赛存在更多的优势。高校往往拥有更为完善的体育设施，如标准的田径场、篮球场、足球场、游泳馆等，这些设施不仅为学生提供了充足的运动空间和运动条件，还激发了他们参与体育活动的热情。此外，高校还比较重视体育课程的设置与改革，通过采取体育俱乐部、体育选修课、体育竞赛等形式开展体育活动，让大学生在享受运动乐趣的同时，也能提升人际交往和团队协作能力，提高大学生的综合素质。相比之下，中小学在体育活动方面虽然也取得了一定的成绩，但由于学业压力大、教育资源有限、体育活动投入不足等因素影响，学生课外体育活动参与度与成效相对较低。为此，中小学应该进一步加大体育设施投入，改善运动条件，为学生创造更好的运动环境，并且丰富体育活动形式和内容，引入更多学生感兴趣的体育项目，激发学生的运动兴趣。同时，还要加强体育师资队伍建设，提高体育教师的教学水平和组织能力，并且通过家校合作共同推动学生体育活动的开展，形成全社会关注和支持学生体育的良好氛围。总之，无论是高校还是中小学，体育活动维度的得分都仍有提升空间。这需要学校能够不断将体育课外活动纳入学校发展的战略规划之中,加大投入力度,优化资源配置,创新活动形式与内容,以更加丰富多彩的课外体育活动激发学生的参与热情与运动潜能,从而真正发挥课外体育活动的育人功能。

课余训练维度得分均值为4.67分,其中最高分为6分,最低分为1.6分,按照此维度满分6分计算,课余训练维度得分率为78%,处于良好水平。进一步分析该指标,校队训练得分率为74%,处于一般水平;体育竞赛得分率为80%,处于良好水平。通过对比发现,高校在课余训练维度的得分与中小学在该维度的得分相差不多。对于高校而言,尽管课余训练维度整体得分属于良好,但校队训练的得分率略低于体育竞赛,这说明高校在提升专业运动队思政教育方面仍有较大空间。具体而言,可以加强校队教练员的思政教育能力培训,将思政教育融入日常训练计划,通过榜样引领、团队建设活动等方式,增强队员们的集体荣誉感和社会责任感,从而提升校队训练的整体思政水平。相比之下,中小学在课余训练维度的课程思政实施上则展现出更为均衡的发展态势。校队训练和体育竞赛的得分率均保持在良好水平,尤其是校队训练显示出中小学在青少年运动员思政教育方面的扎实基础和有效实践。这可能与中小学阶段更加注重学生的全面发展,以及更早地将思政教育融入体育教学体系有关。因此,高校可以借鉴中小学的成功经验,加强与学生管理部门、班主任等教育力量的合作,形成思政教育的合力,共同推动课余训练维度课程思政工作的深入发展。

此外,无论是高校还是中小学,课余训练维度课程思政的实施都面临着一些共性问题,例如,如何平衡运动技能提升与思政素养培养的关系,如何创新思政教育方式方法以吸引学生的参与等。针对这些问题,可以探索建立跨学科的思政教育团队,整合体育学、教育学、心理学等多学科资源,共同研发适合不同年龄段学生的思政教育课程和活动方案。同时,利用现代信息技术手段,如在线课程、虚拟现实等,丰富思政教育形式,提高教育效果,让课余训练成为培养学生综合素质的重要平台。

学校环境课程思政维度得分均值为8.14分,其中最高分为10分,最低分为4.1分,按照此维度满分10分计算,学校环境维度得分率为81%,处于良好水平。进一步分析该指标,制度环境、教研环境以及文化环境得分率分别为88%、86%、87%,处于优秀水平;资源环境和培训环境得分率分别为77%、79%,处于良好水平。通过对比发现,高校学校环境维度得分高于中小学该维度得分,并且高校在制度环境、教研环境以及文化环境方面的得分较高,这说明高校在构建全方位、多层次的学校思政环境体系上展现出了更为显著的优势与成效。这种优势不仅体现在硬性的制度框架上,更渗透到了教学研究与校园文化等方面,形成了有利于思政教育深入开展的良好生态环境。首先,制度环境的高分反映出高校在顶层设计上的重视。通过制定一系列科学、合理且具有前瞻性的规章制度,高校确保了课程思政工作的有序开展和有效落实,为师生提供了明确的方向和有力的保障。这种制度上的优势,为课程思政的深入实践奠定了坚实的基础。其次,教研环境则显示高校教师在课程思政教学中的积极探索与不断创新。高校教师普遍具备较强的专业素养和责任感,能够深入挖掘各门课程中的思政元素,将其融入教学之中,使学生在学习专业知识的同时,也能接受到深刻的思想教育和价值引领。这种教研氛围的营造,不仅提升了课程的教学质量,也促进了课程思政工作的持续发展。再者,文化环境也说明高校在校园文化建设上的成效。高校作为文化传播与创新的重要阵地,通过举办丰富多彩的校园文化活动、营造积极向上的校园氛围等方式,潜移默化地影响着学生的思想观念和价值取向。这种文化熏陶的力量是巨大的,它让学生在不知不觉中接受了正确的世界观、人生观和价值观的引导。相比之下,中小学在培训环境和教研环境上的得分较低,可能与其在师资培训、教学资源整合以及教学研究等方面的投入不足有关。这说明在推进中小学课程思政工作的过程中,需要更加注重教师队伍的建设和教学研究的开展,通过加强师资培训、优化教学资源配置、鼓励教学创新等措施,不断提升中小学课程思政工作的质量和水平。

  总之,无论是高校还是中小学,都应继续加强在制度环境、教研环境、文化环境、资源环境、培训环境等方面的建设,努力构建全方位、多层次的课程思政学校环境体系,为学生的体育思政教育提供更加坚实的支撑。

  校外环境维度得分均值为 4.57 分,其中最高分为 6 分,最低分为 1.2 分,按照此维度满分 6 分计算,校外环境维度得分率为 76%,处于良好水平。进一步分析该指标,家庭支持、社会媒体得分率分别为 83%、76%,处于良好水平;社会体育培训得分率为 74%,处于一般水平。通过对比发现,高校校外环境得分高于中小学该维度得分。具体而言,在家长支持方面,高校得分处于良好水平,这可能与家长对大学生的教育态度有关。一般来说,家长认为孩子已经是成年人了,因此对孩子更多地表现为理解和支持,而不是像对待中小学生那样进行严格的管教。这种态度的转变,使得大学生在面对学业和生活中的各种问题时,能够更加自主地思考和决策。家长的角色逐渐从权威的指导者转变为朋友般的陪伴者,他们更愿意倾听孩子的想法，尊重孩子的选择，甚至在某些情况下，愿意接受孩子的建议，其中也包括更愿意配合学校的教育工作，为孩子的成长提供积极的家庭环境和支持。在社会媒体方面，高校得分处于良好水平。随着互联网的普及，社会媒体已成为信息传播的重要渠道。许多媒体平台积极传播正能量，弘扬社会主义核心价值观，为学生营造了一个积极向上的舆论环境。同时，与中小学生相比，大学生有更多自由的时间使用社交媒体，更容易接触到多元化的信息来源，了解社会动态，拓宽视野，增强社会责任感。因此，高校在利用社会媒体进行思政教育方面有着更大的开发潜力和空间。

然而，在社会体育培训方面，无论是高校还是中小学，其得分都相对较低。这可能与当前社会体育培训市场鱼龙混杂、质量参差不齐有关，存在部分培训机构过于注重技能训练而忽视思政教育，导致学生在参与培训时未能充分感受到体育精神与思政教育的融合。这说明尽管体育培训在促进学生身心健康、培养团队精神等方面具有积极作用，但在思政教育方面的潜力尚未得到充分挖掘和有效利用。因此，需要进一步加强社会体育培训机构的监管与引导，深化体育培训与思政教育的积极融合，探索更多元化的思政教育路径和方式。

第三节　学校体育课程思政的具身困境

一、中小学体育课程思政的具身困境

（一）课程思政的认识误区

从本研究的实地调查以及相关研究成果来看，中小学体育课程思政的首要问题就是人们对课程思政认知的问题。因此，如何在体育课程中有效地实施和落实思政目标，使之既符合教学大纲和课程标准的要求，又能够贴近学生的实际需求和体验，成为当前体育教育工作者需要深入思考和解决的重要课题。

广义上来说，中小学体育课课程思政应该包括所有能促进个体思想道德品质自主建构的价值引导活动，其中包括文明习惯与行为规范、基本道德品质、公民道德或政治道德和信仰道德等四个层次的内容。一方面，通过新中国成立以来中小学体育课教学大纲及体育（与健康）课程标准的课程思政目标词云分析可以看出，体育课教学中的思政目标主要体现在爱国主义、社会主义、遵守纪律、集体主义、

顽强拼搏、勇敢、生动活泼等几个方面,如图4.6所示。依据上述思政内容层次,在体育教学大纲和课程标准中所体现的思政目标更为重视公民道德或政治道德的教育,不够关注或重视学生个人道德品质的培养问题。同时,如此宽泛而抽象的意识形态化思政目标往往让任课教师很难把握与实施,甚至有的脱离了体育课教学的培养范畴,存在着与教学的内容和实践联系不够紧密等问题,这些都难免会导致体育课思政目标的虚无与泛化,由此造成思政目标在体育课教学实践中衍变成一种空洞、抽象的口号而被"悬置"也就在所难免了。

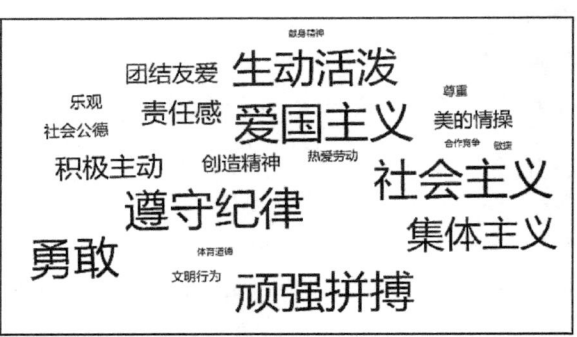

图4.6　体育教学大纲中思政目标词云图

另一方面,在体育课教学中融入思政教育时,通常以塑造学生的体育道德为逻辑起点。一般认为,体育道德属于职业道德范畴,即人在运动技能领域内需要构建的价值观念和道德能力,这也可以理解为运动员品质或竞技选手的职业伦理。由此可见,此处的体育道德更侧重于竞技体育的伦理范畴,偏向于竞技体育化,而忽视了身体教育的重要性。如果将中小学体育课教学中的思政教育狭隘地理解为"唯竞技伦理化",并将思政的适用范围和伦理约束力仅限于人的身体运动技能或体育行为领域,这无异于将体育课教学中的思政教育等同于竞技体育的职业伦理教育。这无疑会大大削弱体育学科在个人道德发展方面的教育效力。由于人们对中小学体育课教学中思政教育的边界认识不清、目标指向含糊,导致思政目标既宽泛又表现出"唯竞技伦理化"的倾向。这不仅违背了教育教学的一般规律,还可能引发体育课教学中思政教育的目标、功能、内容、方法等一系列问题。因此,有必要探明中小学体育课教学中具有的天然思政教育命题,从单一纯粹的身体练习和运动教学的教育模式中突围出来,将个体在身体发展中原本所承载的思政内涵落实到体育课教学之中,把与身体相关联的道德知识和道德技能学习作为体育学科的德育使命,在新的历史时期全面而高效地完成中小学体育课教学

"立德树人"的根本任务。

（二）具身行为的过度规训

尽管中小学在体育课教学中通过制定的行为规范施以思政教育通常被视为非常普遍的一种做法，但是很多中小学体育教师在实际教学中却往往误把"规训"当作"规范"，错将思政教育当作"工具化"手段加以使用。因此，有必要厘清规范与规训之间的区别，一般认为，"在一个社会共同体中生活的每个人，需要遵守社会为维护共同生活的福祉而建立的规范。这种规范虽然是强制的，但是出自人性的，是人实现自我的方式，而不是贬低人性或者破坏人性的方式"。例如，任课教师在其体育课堂上维护各种纪律，其目的在于让学生遵守规则、规矩以保证体育课教学活动得以顺利开展，现保障他人自由又保障自己自由的一种针对学生行为的要求。如果中小学体育课堂规范以"变相体罚""病理性言语"等违背人性的不合理方式出现时，那么其目的往往非但不是让学生理解、接受规范并使之内化为道德理念直至表现为相应的道德行动，而是以控制学生身体为目的。只关心"学生的行为是不是被控制了""学生是不是听话了"而不管学生理解、接受和内化行为规范与否，这一类做法通常被称为不需要学习只需要遵守的他律约束，此时的规范实际上已经滑向了规训，其结果是身体被管控与惩罚、情感与体验被抽空、规训与说教成为常态而"人"及其德性却被忽略了。虽说表面上看在严格管理之下的学生表现出了"遵守纪律""整齐划一"，似乎也是一种自律，实际上却是迫于外在压力而导致的一种消极他律行为，其"道德之心"在此过程中已然失落并最终沦为道德上的"空心人"。可见，"道德是个体处于维护自由、尊严和价值的需要"，而中小学体育课中的思政教育应通过身体实践教育帮助学生个体完成这种内在需要，使之逐渐发现自我、认识自我且不断成长为有德性的人，在此有必要杜绝那些被忽略了的学生在具身道德体验中道德自我建构所导致的主体丧失。中小学体育课教学中的思政教育需要规范而非规训的手段，如果体育课教学中的思政教育手段缺失了针对学生人性的观照与省察，那么这一手段就有可能"披着"德育的合法"外衣"，以规范之名行规训之实。

（三）具身载体的媒介缺失

中小学体育教师长期以来在其承担的体育课教学中施以思政教育时，往往讲道理多、号召多、提醒多而行为要求少、规范少、示范更少。虽说体育教师和学生都知道要勇敢、要团结、要合作、要有意志，却谁也说不清楚要做什么、如何做、怎样评价的相关具体内容，以至于使中小学体育课教学顶着一束全面培养学生优良

"品质"的"光环"而一直停留在空洞的辞藻层面,即体育课教学中的思政教育内容几乎未得到进一步的细化与落实而不得不将其予以简单化、笼统化处理。目前,在中小学体育课教学所需的德育教材还没有专门的开发编写的情况下,绝大多数体育教师往往根据现场教学情景随机性地选择思政内容予以施教。老师只能不求甚解地那么一说而学生则不明就里地那么一听,这样一来便使得体育教师经常会出现把握思政教育情景不准确、不恰当的情况,如此"应景"思政内容势必会造成教育效果平平,甚至拿不出令人信服的、具有普遍意义的现实个案。由之可见,中小学体育课教学中的思政教育需要找到恰当的媒介,而作为以身体锻炼为主要手段的体育课程,在此具有基础性地位的身体承担着整个体育实践活动,它是体育课教学得以充分发挥德育功能最根本的理论出发点及实践落脚点,任何对教育对象的思政教育塑造都无法绕开身体而独立进行。然而,恰恰是中小学体育课教学中的具身道德理论发展得不健全,才直接导致了当前体育课中的育人活动沦为"无源之水、无根之木"之境地。因此,身体才是思政教育的逻辑起点,只有"恢复身体在德育中的基础性作用",才能既可以在体育课教学中引导并帮助学生形成道德意识和道德判断,又能够使其通过自我身体的成长经验以及对体育课教学中社会模拟场景的道德观察逐渐形成道德智慧,还可以使其在体育实践活动中从"小事小节"做起逐步予以提高自身的道德实践能力,达到思政教育的预期效果。

(四)具身体验的环境缺乏

中小学体育课教学中的思政教育成效既与媒介和方法关系密切又与思政教育环境密不可分。其中思政教育环境不仅是学生形成道德认识、发展道德情感、践行道德行为的重要因素,还是学生品德形成发展并具有潜在而巨大教育功效的主要外部条件,正如洛克所说的那样,"儿童在特定环境中的成长就是一个通过经验来丰富精神世界的过程,这种经验是由控制着环境的各种力量决定的"。这也表明洛克当时已经充分地认识到外界环境对个体道德品行的重要影响。尽管中小学体育课教学中的思政教育环境通常以物质、精神和制度等形态存在,但是无论哪一种形态的思政教育环境都是依托于正常的体育课堂来实施教学的。然而,从目前的教学状况来看,中小学体育课在其实施过程中依然处于"说起来重要,做起来不要"以及被"边缘化和去中心化"的生存环境。特别是在一些边远地区的乡村中小学甚至连一个专职的体育教师都没有,更有甚者竟然出现几所学校共用一个体育教师的极端情况。如此尴尬的体育课教学现状还何谈思政教育问题?即使体育课能够得以正常实施,但由于长期受到机械还原主义和理性主义的影响,教学中经常出现"教师教动作、学生练动作和考试考动作"的现象,这些空间受限的身体活动、过于局部和分解的练习以及缺乏运动竞赛的真实体验,致使对学生规则意识、合作精神和抗挫能力等方面的道德培养显得那么苍白无力。可见,中小学体育课教学中的思政教育环境不能脱离体育课堂更不能脱离学生主体,因为思政教育环境是多种因素之间互相作用的结果。如果体育课堂环境与思政教育内容相一致,那么就会产生教育合力并在学生自我意识中形成积极一致的价值观念;倘若与之相反,那么就会形成教育排斥力并使学生在自我意识中形成矛盾的、混乱的价值观念。当然,社会及家庭教育环境同样对学生道德品质的养成具有重要的影响作用,一般来说,学生最初的品行都是在家庭教育中形成的,家庭教育的良莠不齐不仅造成了学校德育的困难,还导致了学生与学生之间的负面影响,加之网络信息化的社会环境,也有更多的不确定因素构成了复杂性的思政教育环境。因此,"以体育人"的实现更需要从学生主体出发,在身体与环境的相互构建中促进个体道德品质的发展。

二、高校体育课程思政的具身困境

(一) 目标定位:育体目标与育人目标之间的断裂

高校公共体育作为普通高等学校中的非专业课程,虽然没有像中小学体育课那样处于"为了升学率被挪用、挤占和征用"和难以"开足、开齐"的尴尬境地,但是在以专业教育为主的高校中学科地位并不高,实际运行中依然存在"说起来重要,做起来不要"的边缘化生存状态,始终没有得到学校、教师、学生的普遍重视,仅仅作为学生锻炼身体的一种手段,影响了高校公共体育教育目标的准确定位。例如,在体育教学中教师往往将教育目标定位于学生运动技能的掌握情况,而忽视了对学生健康意识、健身习惯、体育道德等方面的目标培养,结果导致学生为通过运动技能考试和体质健康测试被动地参与体育活动,甚至选择一些自己并不喜欢但是容易通过考试的运动项目。如此一来,学生根本无法在体育活动中体验坚韧乐观、勇于拼搏、团结合作等体育精神的历练,更不用说运用意志力完成克服生理极限、疲劳、酸痛等学习任务以及通过身体感悟人与自然、他人、社会的关系。另一方面,学校往往按照体育课的选课率、通过率来评价体育教师的工作业绩,使得原本就处于学校边缘地位的体育教师为了满足学生的惰性"需求",提高"效率",教学中多以灌输式的技术教学为主,省略了对学生道德品质意识与行为的培养。

可见，正是由于高校公共体育教育目标定位的偏离，割裂了"育体"目标与"育德"目标之间的有机联系。

因此，有必要明确高校公共体育中的思政教育命题，使体育教育从单一纯粹的身体健康和技术教学的目标定位中突围，将个体在身体发展中原本所承载的德育内涵落实到体育实践活动之中，把与身体相关联的道德知识和道德技能学习作为体育学科的思政使命，在新的历史时期全面而高效地完成高校公共体育"立德树人"的根本任务。

（二）实施过程：运动情景与道德感知之间的失调

目前，多数高校公共体育课程主要以"三自主"选课模式开展，虽然学生可以根据自身需要选择上课时间、任课教师和学习内容，充分体现了以人为本的教育理念，但是在多年的教学改革实践中出现的一些问题，间接影响了高校公共体育开展思政教育的效果。例如，学生根据自己的需要选择运动项目，结果造成学生选课以盲目追求娱乐为主，对一些提高身体素质、培养意志品质的运动项目没有兴趣，导致田径等传统运动项目因无学生选课而停开。另一方面，学生选课较多的球类项目，如篮球、网球等，又因为人数太多，场地设施短缺，课上多数时间以排队等待为主，体育实践的时间成本大大提高，催生了教学中"教什么、考什么"或"考什么、教什么"现象的产生，结果体育学习只能给学生带来一些零散的、局部的运动项目知性体验，缺乏运动竞赛的真实体验和实践之知，远离了道德品质培养的环境。长此以往，难以形成或转化为具身认知性的道德实践体验，更无法实现"以体育人"的效果。

可见，高校公共体育课程中融入思政教育需要借助具身体验的媒介和情境。作为以身体锻炼为核心手段的体育课程，身体的基础性地位决定了在体育实践活动中受教育者的德行塑造无法脱离身体活动而单独实现。换言之，只有充分调动身体的主动参与，才能最大程度地发挥体育课程的德育功能。然而，恰恰由于高校公共体育课身体技术练习与比赛情景的缺乏，才直接导致当前体育课中的思政教育活动沦为"无源之水、无根之木"。因此，只有"恢复身体在德育中的基础性作用"，才能在体育运动情景中发挥每一个运动项目所蕴含的德育元素的作用，以此为抓手引导学生形成道德意识和道德判断，丰富道德情感，提高道德实践能力。

（三）考核评价：教育效果缺乏道德表现的嵌入

根据目前大多数高校公共体育课程内容安排，课程考核评价指标一般分为上课表现评价、运动技术评价、体质测试评价以及课外自主锻炼评价等几部分，再按照一定比例构成体育课程的最终成绩。虽然,很多高校公共体育课程根据教学大纲对各部分成绩进行了等级量化处理,欲使评价的结果更客观、更真实,但是依然存在教学考评体系不够健全、考核方式较为单一等诸多现实问题,比如学生的学习态度、情意表现等方面,没有建立具体评价要求。而运动技术评价往往以单个基本动作完成质量考核为主,体质测试评价以速度、力量、耐力等身体素质考核为主,这样使得一些先天素质能力好的学生,不需要付出很多努力就可以通过考试,而先天素质能力差的学生,即使付出较大的努力也难以"达标",造成了学生之间的不平衡,抑制了学生个性发展与学习的自主性。同时,片面的量化评价也使得学生之间互动交往、合作能力等发展得不到真实反映,学生必然会逐渐减少对体育的情感投入以及对体育精神文化的领悟。而在课外自主锻炼评价方面,教师往往过于依赖电子运动产品的评价功能,缺乏必要的责任心,造成"打卡的学生不锻炼,锻炼的学生不打卡"的怪现象,使课外体育锻炼失去了教育的意义,多数学生并没有真正养成良好的锻炼习惯。

综上,高校公共体育考核评价往往以结果为导向,重考试、轻教育,重结果、轻过程,把考试的重心放在学生身体素质、运动技能的考核上,关注学生的生理改造,而忽视了学生体育意识、拼搏精神、团结合作等道德品质的发展,而这些内容往往从学习的深层动力机制上影响着体育学习的效果。可见,体育教学活动的直观性、实践性、非量化性等学习特征,使得它不能仅仅依靠一般学科教学的评价标准进行评价,而应该在学生技能和学习效果评价体系中融入道德评价内容,从而引导学生在体育中认识自我、享受成长,自觉将价值观转化为情感认同和行为习惯。

第四节 学校体育课程思政的具身路径

一、学校体育课程思政教育的基本规律

(一)学校体育中开展道德教育的重要意义

在经济全球化不断发展的进程中,体育道德文化正发生着前所未有的巨变,这种巨变触及体育的各个层面,其中就包括学校体育教育领域。体育教育事业是社会主义现代化教育事业的一部分,对培养社会主义现代化建设者和接班人有着

特殊的作用和意义。2018年的全国教育大会上，习近平总书记明确指出"要树立健康第一的教育理念，开齐开足体育课，帮助学生在体育锻炼中享受乐趣、增强体质、健全人格、锤炼意志"，强调了如何通过先进的、符合学生身心发展规律的体育教育落实培养人、培养社会主义建设者和接班人这个根本目的。在随后出台的《关于全面加强和改进新时代学校体育工作的意见》中更是进一步明确提出"学校体育是实现立德树人根本任务、提升学生综合素质的基础性工程"，要充分发挥学校体育"以体育智、以体育心"的独特功能。可见，体育教育工作应当为党和国家的教育中心任务服务，要与教育发展的总目标、总进程、总方略相协调、相呼应，为建立和谐社会、实现社会主义现代化建设目标添砖加瓦，发挥体育育人不可替代的作用。其重要意义体现在以下两个方面：

1. 对于国家、民族和社会的重要意义

社会的道德风尚是各个社会成员在社会实践活动中道德品质的有机构成，每个社会成员的道德品质状况，与整个社会的道德品质状况有着密切的联系。一般情况下，个别人、少数人的道德品质状况对整个社会的影响是微不足道的，但是，如果这些人的道德品质成为多数人"认可"的行为，成为一种倾向、一种社会风气，就会对社会生活产生极大的影响。体育是培养现代社会合格公民最有效的方式以及提高国民素质的必要手段，它以体育活动中所特有的原则、规范和范畴为尺度，来评价人们的行为，使人们知荣辱、辨善恶、明是非，使个体在体育实践过程中学会自我控制和尊重他人，进而影响人们在其他社会实践活动中的行为和交往，达到调节个人与社会整体关系的目的。可见，只有充分认识到体育对增进人民身体健康、促进社会主义现代化建设的重要作用，才能更好地开展体育课程思政教育，帮助学生加强自我修养，努力进行锻炼，引导学生树立建设有中国特色社会主义的共同理想和正确的世界观、人生观、价值观，有高度的责任感和自我牺牲精神，有高尚的道德品质。

2. 对于个体社会化发展的重要意义

随着时代的发展和进步，要求新时期的人才应该是全面发展的人才。也就是说，新时期的人才不仅要拥有专业技能，更要具有正确的人生观和价值观，亦即良好的道德品质。但是，道德品质的形成不可能是自发形成的，它需要进行深入、持久的道德教育。体育教育作为一种身体实践教育，很好地将道德教育的知行活动相统一，在体育活动中对学生的坚毅、勇敢、吃苦耐劳、顽强拼搏等个人品质进行不断培养。在学生体育习惯养成的过程中，学生逐渐形成道德认识，激发道德情感,锻炼道德意志,树立道德信念,最终形成道德行为,并将这种体育活动中的道德行为转化为社会生活中的道德行为,成为一个道德高尚的人。

(二) 学校体育中开展思政教育的具身规律

1. 身体在场是道德意识的逻辑起点

从20世纪80年代开始,瓦雷拉、汤普森、莱考夫、约翰逊等西方学者纷纷开始研究具身认知理论。在国外研究热潮的推动下,21世纪初,李其维、叶浩生等我国学者也开始聚焦于具身认知研究。学者们一致认为,认知或心智是由身体的动作和形式决定的,身体及其感觉运动图式影响与形塑人类的所有认知活动。认知的这一特点也决定了德育的身体性,即一切道德教育离不开身体的参与。也就是说,德育是"教人如何做人"的学问,其中自然也包括了"为人之身"的内容,把身体作为德性发展中的固有构件。

在这种发展过程中,对身体施加德育影响是整个体育教育过程中天然的有机部分。从教育范畴来看,体育教育中的道德教育包括了以下几个主要的身体道德发展领域:首先,身体道德教育要在身体教育的过程中,立足于身体所应当遵循的自然伦理和社会伦理的基本原则,引导教育对象建构积极合理的身体道德意识;其次,通过唤醒教育对象的身体道德意识,逐步引导其树立健康、科学、积极、向上的身体道德观念;再次,结合教育对象身心发展的基本规律,在其人生起始阶段及时地普及有关身体德性的基础知识,使教育对象形成对身体道德原则的较为系统化的基本观念,并伴随着教育对象的成长,将这种身体道德认知由感性认识不断深化、上升到理性认识的阶段;最后,突出身体教育学科的实践本质,通过广泛而生动的体育实践活动来加强和巩固教育对象对身体的感知能力与身体运用能力,伴随着身体在空间逻辑、时间逻辑、生命逻辑领域的不断进步,以及身体机能与运动技能等系列化身体基础能力的不断增长,循序渐进地发展教育对象在身体领域的道德逻辑,并借助一定的道德判断的原则与方法原理,塑造教育对象高尚的身体德性。

综上所述,身体是开展德育工作的重要前提,是道德意识的逻辑起点。而体育作为一门以身体活动为主要手段的学科,在其实现思政教育的过程中必然以发展学生身体为首要前提,通过学生的身体在场将抽象的道德概念转化为具身实践,使学生形成关于身体的最基本的道德能力。因此,为促进体育教学中思政教育工作的顺利开展,必须明确思政过程离不开身体主体的积极参与,这样才能更好地创新体育课程的育人途径。

2. 体育行为是道德判断的具身体现

具身认知理论不仅提出身体在认知塑造中具有枢轴作用,还认为"人类认知过程并非抽象意识的复合加工工程,而是在身体和身体经验与环境的交互过程中演化和发展的"。以此为基础的具身道德理论,更是明确地指出"身体经验同道德认知与判断等心理过程相互嵌入和相互影响"。可见,道德的学习不再是单纯知识的记忆和训练,而是学生个体在身体实践中的体验和探索,只有以体验的方式去关注,把道理转化为行动,才能使学生产生道德体会和感悟。

体育教学实践活动开展的形式比较丰富,但基本上都是以体育课、俱乐部、社团、体育竞赛等群体性活动为主,在这些活动中对学生开展思政教育,往往着重于对学生体育精神的培养。例如克服困难、积极进取的拼搏精神,遵守比赛规则、维护比赛秩序的公平与公正意识,面对比赛胜负历练与洗礼的胸襟与气度,妥善处理个人与他人关系的合作与竞争意识等。但是,无论哪一种体育精神的培养,仅仅通过教师的说教是无法实现的,同时也是无法检验其真实效果的,唯有将德育培养根植于体育实践活动,并通过学生在活动中的行为表现才能落实培养与评价问题。因为在体育实践活动中,不仅能够展示学生个人的身体素质和运动技能,更多的时候还会将学生对体育精神的认知和理解真实地表现出来。例如,在学习篮球课程时,教师可能会在教学过程中强调篮球是一项团队项目,需要团队成员之间的合作与互助,比赛过程中不能嘲笑挖苦对手,要自觉遵守比赛规则等这些道德要求。但是学生是否真正地理解这些道德要求,还要看学生的具体行为表现,例如,学生在学习双手胸前传定接球时,是否能与伙伴认真配合、互相评价,在篮球比赛时,是否尊重对手、不恶意犯规、不辱骂裁判等。从这些行为中才能了解学生的道德水平,了解他们对体育精神、体育道德的真实判断,进而评价他们是否能把这种体育精神和体育道德迁移到工作和学习之中,提高个人的道德品质。

3. 教育环境是道德养成的感知通道

具身研究表明,认知以身体与环境的互动为基础,抽象概念与身体的感知和运动紧密相关,但这两者之间的联系不是随机形成的,会受到文化模式、价值、习惯的影响。具体而言,环境信息经由身体感觉运动通道刺激身体,激起身体的物理反应和情绪情感体验,从而影响个体道德观点的选择和道德行为的执行。可见,教育环境在学生道德养成方面具有重要的作用。

长期以来,虽然我国大中小学各级各类学校一直注重对学生的思政教育,但是教育的主要阵地却只集中在大学思政理论课程和学生日常生活教育方面,其他通识类课程和专业课程并没思政教育的明确要求。党的十八大以来,体育课程与教学开始紧紧围绕国家落实"立德树人"的根本任务,在"五育并举"的教育格局中牢牢把握和遵循体育课程的独特育人价值,引导与培育学生在"育体铸魂、德体兼修"的体育课程学习过程中形成强健的身体和完善的人格。思政教育工作贯穿于教育教学全过程,充分发掘和运用体育学科蕴含的教育资源,实现体育课程与其他课程协同教育的效果。可见,为了提高大中小学生的道德素养,在知识传授、技能培养成过程中实现道德教化、德性提升,完成我国教育目标中"立德树人"的历史使命,就需要深入挖掘体育课程的思政教育内涵和思政教育方式,构建良好的育人环境。

大中小学体育课程作为各级各类学校普遍开展的必修课程,需要通过体育文化传播、课堂教学、社团活动、运动竞赛等多种教育途径形成良好的锻炼氛围与环境,在提升大中小学生身体素质及运动技能,养成良好锻炼习惯的同时,还需要在体育活动中让大中小学生体验坚持不懈、拼搏进取、公平竞争、团队合作、积极乐观等情感与社交经历,不断帮助他们认识自我、实现自我、超越自我,正确对待成败得失,切实发挥体育在培育和践行社会主义核心价值观、推进素质教育中的综合作用,把学生培养成为有理想、有追求、有本领、有担当的习近平新时代中国特色社会主义人才。

二、学校体育课程思政教育的具身维度

(一)理念维度:从"育体"回归"育人"

纵观我国近代以来学校体育思想的发展,可以看出人们争论的焦点始终离不开对身体的关注,无论是鸦片战争后军国民体育思想所体现的对身体的规训、五四运动后自然主义体育思想所体现的对身体的解放,还是新中国成立初期技术教育体育思想所体现的对身体的开发、"扬州会议"后体质教育思想所体现的对身体的教化,以及第八次基础教育课程改革后所提出的健康第一体育思想对身体的关怀,不同时代学校体育思想的变迁呈现出不同的身体教化取向及身体认知,也带动了一系列的体育课程改革,但始终难以突破学校体育目标固化和"单向度"的发展,将体育课程目标更多地聚焦在提高学生身体素质,矮化了体育课程所承载的育人价值。

如前所述,根据具身理论的相关研究,身体感知与道德之间有着天然的联系,所以体育课程目标设计不应该割裂身体的整体性,应将"育体"与"育德"充分结合

起来。具体而言，在中小学阶段，体育课教学中的思政目标既不能够空洞泛化又不可以窄化为竞技职业伦理教育，因为体育作为学校教育基石应当以促进人的综合素质发展为价值目标，所以从道德发展层面就是要面向人在身体伦理意识形态和身体道德实践能力这两个基本范畴，即对人在身体道德领域的观念、认知、理性与实践能力上的建构与发展。要实现上述教育目标，需要围绕学生的具体行为进行细化和分解。"培养学生的意志品质"这一目标不能空泛而论，其设计必须结合学生在学习具体运动项目时的行为表现。例如，在每次长跑或进行大运动量练习时，学生都能坚持到底，即使在寒暑天气或身体略有不适的情况下也能完成任务。这样的设计将培养意志品质的目标具体化，从而避免了德育目标的形式化和空泛化。类似的目标还包括："面对同学比赛失败时不讽刺、不挖苦——体现友爱品质""按顺序取器材，不挑选、不争抢——体现遵守纪律""每次都自觉在线后接棒——体现遵守规则"等。这些目标具体且明确，不仅让学生清楚自己该做什么、不该做什么，体育教师也可以通过观察学生的行为来评估德育实施的效果。当然，在设计具体的思政目标时，还需考虑学生身心发展的特点，对其行为要求应具有阶段性和层次性。例如，"培养学生的合作意识"，在小学阶段的行为要求可以是"知道如何与他人合作完成游戏任务"，而在中学阶段则可以是"能够处理篮球比赛中的竞争与合作关系""在集体性体育比赛中能够设计并实施一些合作措施"。这些都是对"培养学生的合作意识"这一目标在不同学段的描述。道德的概念是抽象的，因此不应再用抽象的教学目标来描述它，而应通过身体行为的具体表现来反映德育的目标是否达成。只有将个体对道德概念的认知通过身体实践活动来完成，才能让个体形成对道德概念的直接感知，从而内化为自身的道德行为。这也正是中小学体育课教学应强调具身道德的重要原因。

在高等教育阶段，要把《全国普通高等学校体育课程教学指导纲要》所提出的"增强体质、增进健康和提高体育素养"的主要目标与"育人为本、全方位育人"等思政教育目标相结合，牢固树立"育人为本、德育为先"的教育理念，从课程目标、内容、实施、评价等教育教学各个环节出发，充分发挥高校公共体育思政教育功能，关注学生身体的完整性、复杂性、丰富性，使其回归"本意的身体教育"。在"以体育人"目标的统筹下，以具身的体育实践活动为载体，探索以学生为本的课内外体育主题教育模式，形成立体化培养格局。这样不仅能唤醒学生参与运动的健康意识，提高学生的身体素质和运动能力，更能培养学生坚强的意志品质和良好的道德行为，实现身体由"规训"向"教化"的价值观转向。也只有在更加自由、和谐的教育环境中,学生才有可能实现由物性到人性的转变,将道德概念逐渐内化,形成良好道德品格和行为,从而实现高校公共体育发展方式从单一的"育体"向"育人"的内涵转变,这也是高校公共体育教育的应有之义。

(二) 内容与方法维度:以体育实践推动道德实践

从第二代认知科学的具身认知观点来看,个体的道德概念乃是通过与动作相关的身体内部感知和外部经验共同作用而形成的,也就是说先由人的身体发出动作,再由人的身体承担动作结果,最后在人的大脑中将动作结果与道德和不道德的记忆相匹配,对道德概念进行理解。根据这一理论,在中小学体育教学中开展思政教育,首先,要规避那些游离于体育课教学内容或教育情景之外的"贴标签"式空洞"说教",还要充分认识到德育的直接参与性和各种体育运动的内在育人价值,并通过让学生直接参与各种体育运动育人于体育运动之中。因此,中小学体育教师要善于挖掘和总结体育教学内容中潜在的教育性,并在教学过程中有意识地启发、观察、引导学生领悟道德价值、实施道德行为。其次,从教育对社会价值和个人价值的影响来看,中小学思政内容也主要体现在社会道德和个人道德的养成上。根据以往研究成果归纳了体育课教学中所涉及的主要道德品质,并列举了这些道德品质可能涉及的教材、教学场景及学生表现,见表4.16。

表4.16 中小学体育思政的教材、情景及学生表现

道德教育内涵	典型体育教材	教育情景举例	学生身体表现
勇敢果断	田径、体操等具有一定学习难度的教材	面对障碍跑、跳高、单双杠等	能否冷静面对有难度的动作,敢于尝试而不犹豫、退缩
顽强拼搏	田径、体操、球类等需要坚持、耐力的教材	面对长跑"极点"、比赛失利等	能否表现咬紧牙关、坚持到底、不服输的意志
规则意识	田径、体操、球类、游戏等以比赛为主的教材	面对比赛要求、比赛规则等	能否遵守规则、尊重对手,不论老师在与不在
团队合作	田径、球类、游戏等以集体比赛为主的教材	面对接力跑、球类分组比赛、练习等	能否尊重他人的长处和建议,为团队目标而努力
乐观向上	游戏、健美操、韵律操等陶冶情操的教材	面对有音乐伴奏练习、创编舞蹈活动等	能否表现积极参与的热情、对美的想象力和表现力
责任担当	球类、游戏等有角色分配的教材	面对自己所扮演角色需要承担的责任与义务	能否勇于承担责任,而不是想办法推脱和逃避

（续表）

道德教育内涵	典型体育教材	教育情景举例	学生身体表现
民族自信	武术、少数民族项目等民族民俗的教材	面对传统项目学习不感兴趣等	能否表现积极的学习态度而不是厌烦
友爱互助	体操、球类等需要分组学习的教材	面对体操练习中的保护动作、他人练习中摔倒或失败等	能否表现出关心、体谅，舍己为人，同情弱者
挑战创新	田径、体操、球类、游戏等需要自主学习的教材	面对不同运动项目新技术自主练习等	能否善于思考、迎接学习挑战

当然，有了合适的德育内容还要有正确的德育方法予以辅助方能取得理想的育人效果。德育的本质就是对受教育者价值观的教育，因而要求中小学体育教师既要善于观察、思考，又要富有爱心、耐心和宽容，不是简单粗暴地使用批评、斥责、奖惩等规训手段迫使学生实践道德行为，而是要通过"随风潜入夜"式的渗透和"润物细无声"式的感染来控制和引导学生的道德行为。重视学生面对道德问题可能会产生的道德体验，通过强化积极的道德体验，使之与相应的道德行为建立联结。例如，当学生由于身体自然情况影响而对做某些技术动作产生畏难情绪时，体育教师不能随意地嘲讽学生不勇敢或者胆小，而是要采用辅助练习手段帮助其完成技术动作，并使之通过感受成功的身体体验而恢复学习信心，树立积极向上的身体道德理性。不仅如此，体育课教学中还有课堂常规、班组气氛、人际关系、校园文化等隐性课程或多或少都蕴含一些思政教育元素，如学生在体育课堂上要养成爱护场地器材，不把篮球、排球、足球当凳子坐和不把排球当足球踢等行为习惯。体育教师不能机械生硬地仅将思政教育限定在体育教材学习过程中，还要将思政的内容及方法贯穿于体育课堂始终，逐渐培养学生的行为规范和道德习惯，尽可能把隐性课程中的思政内容纳入有计划的教学内容之中，做到心中有计划、教育有准备。

在高等教育阶段，大学生经过基础教育阶段的体育课程学习，具备了一定的体育认知和运动能力，对于体育学习有了更多的自我需求和自我表达。运动竞赛作为个人展示能力、锤炼意志、增长智慧和塑造个性的一种竞技和社交舞台，不仅在培养学生体育运动技术应用能力方面有独特作用，对于培养大学生将来职业发展中所需要的规则意识、奋斗精神、协作精神和责任担当等也有同样的综合教育作用。因此，高校公共体育若要实现育人目标，唯有将体育比赛作为课内外体育活动的主要载体，使学生在比赛中形成超越自我、公平竞争、团结协作等思想品质。但是，长期以来，比赛环节往往是高校公共体育所忽略和缺失的，大多数学生难以亲身体验比赛的悬念和刺激，感受欢乐与尖叫。所以，高校公共体育需要在课程建设上采取措施，转变"学而不赛"的局面。首先，筛选和改进体育课程内容和活动形式。在传统观念中，人们常常把一些运动项目如田径、体操等简化为身体规训，从而忽视了任何运动项目都可以采用团体对抗的组织形式，让学生们在公平竞争中获得丰富的情感体验，不断成长。因此，高校的体育教学要服务于比赛，改变以往机械还原主义的做法，让教学内容更贴近于比赛情境，使学生掌握之后稍加练习便可在比赛中运用。其次，保障每位学生参赛的权利。学生有了参与比赛的能力，还要有参与比赛的机会。受高校"代表队制度"的影响，比赛沦为少数人身体展演的舞台，大多数学生没有参加体育比赛的机会，成为比赛的旁观者，与体育活动也渐行渐远。因此，在高校中要积极推广"人人皆可赛"的理念，做到人人可参赛、班班有比赛、校校有比赛，开展不同层次、水平的课内外体育比赛，建立面向所有学生的竞技体系，保障学生平等参赛的权利。最后，还要在学生考核评价上加大竞赛的比重，比如学生参与比赛的频率、次数，在比赛中的技能表现，以及在比赛中所表现出的道德行为等，使评价体系更接近于高校公共体育的"育人"目标，客观而全面地反映学生身体与道德的共同成长。当然，为了更有效地推进运动竞赛在高校公共体育实践中的开展，也要把赛事组织和管理列入体育教师的工作考核之中，激励教师推进"以体育人""以赛育人"的教学改革实践。

（三）环境维度：创设体育文化，构筑德育氛围

神经科学的实验证据与发展理论都证明，个体首先是在利用身体与环境的交互过程中获得经验，其次是在针对具体道德情境时进行分类和识别，最后才做出与该情境相关的最优策略行为选择。可见，德育活动必须在一定的环境中开展，因为学生道德行为的产生不可能脱离环境的影响，它是主体与客体、身体与环境之间交互的结果。

因此，基于上述理论依据，在大中小学阶段的体育教学中开展思政教育活动时，要统筹协调教学环境的整体布局，充分利用体育文化三种基本形式（体育物质文化、制度文化、观念形态文化）的影响，让学生在体育文化环境中潜移默化地受到熏陶和引导。首先，有必要在保证体育课能够"开足、开齐"的前提下，为学生提供干净整洁的体育场馆场地、绿化的环境、布局合理且数量充足的器材等良好体育物质文化条件，因为在具身道德多项实验中已经证实舒适明亮的环境往往给人

以纯洁、正义的感受；其次，在制度文化上，可以把校园体育节、校园运动会、校园体育历史展览、体育卫生宣传、体育摄影展、体育征文赛等作为常规化的活动，学校在人力、物力、财力上进行支持，形成校园体育文化活动的制度保障；最后，还有必要重视观念形态文化的建设。根据具身认知理论中的镜像神经元机制，个体以大脑中的镜像神经元为基础，从观察他人动作中推测其意图，即通过神经系统与世界相互作用的方式来理解他人的心理状态，通过获得的共情体验来理解道德或不道德行为的内涵原因，使之形成概念化的道德意识，也就是我们通常所说的"换位思考"。体育教学中开展道德教育，就要求体育教师在体育课教学中既要营造良好的人际关系、积极向上的班风学风，树立典型的道德榜样点亮大学生心目中的体育价值，也要重视强化学生榜样的行为、激活学生身体的具身模拟模式、主动有意识地做出道德行为，从而使之提升自身的道德形象、缓解来自周围环境的压力和实现身体与环境的融合。除此之外，还有必要整合学校、家庭、社会的道德环境。因为德育是一个长期而艰巨的系统工程，单纯地依靠体育课堂或学校德育来解决学生所有的道德问题是不现实的，所以有必要将学校、家庭、社会的资源整合到各学科的德育活动中并使之形成合力，帮助学生在家庭、学校及社会中养成良好的行为习惯，成为具有健康体魄和健全人格的统一体。通过上述途径，不断丰富体育思政资源，营造良好的体育文化氛围，激发学生体育参与的热情，为学生提供展示自我、树立自信的机会和平台，实现体育教育"以体育人"的教育目标。

 小 结

　　目前，大中小学阶段体育课程思政建设工作已经进入实践探索期，如何创新思政路径，提高思政效果越来越成为人们关注的焦点。在进行思政教育创新的过程中，首先要明确思政教育以及体育教育的本质，弄清楚体育教育之于思政教育的价值与意义。在当下第二代认知理论不断发展的机遇下，体育教学需要不断探索"身体对道德塑造的重要作用"，不断完善体育教学过程中的道德实践机制，进而在理念层面、内容与方法层面、环境保障层面等多个维度提出解决体育教育具身道德问题的有效对策，逐步使学生个体通过体育课教学中的思政活动形成对道德概念的直接感知并使之内化为自身的道德素养，创新"具身化"的德育途径，以最终实现学校体育"立德树人"的根本任务。

第五章

我国学校体育课程思政的发展研究

第一节 体育课程思政理论基础的发展

学校体育作为教育的重要组成部分,承担着"以体育人"的教育使命,体育的教育功能不该局限于学生身体素质和运动技能的培养,更应该关注对学生完全人格和道德品质的培养。如何实现体育的思政教育功能?尽管不同的教育语境下会呈现出不同的解决方案,但有一个清晰且共性的发展方向,那就是教育日益趋向于人性化与全面发展的轨道。为此,本研究在生命教育理论的基础上,对学校体育课程思政教育理论的发展趋势进行探讨,不断创新和发展学校体育课程思政教学改革。

一、生命教育理论

(一)生命教育理论的兴起与发展

1. 生命教育的内涵界定

自 20 世纪 60 年代末至 70 年代初生命教育的概念被提出后,众多国家和地区的政府及教育部门便开始给予高度关注。教育理论界亦积极著书立说,纷纷阐述对生命教育的见解。来自不同国家、不同教育流派的学者们,也从各自独特的视角出发,对生命教育进行了深入的探讨与反思。

(1)生命教育是一种教育的价值追求

该观点认为生命教育不仅仅是一种教育,更是对生命价值的一种实现。有学者认为"生命教育就是在学生物质性生命的前提下,在个体生命的基础上,通过有目的、有计划的教育活动,对个体生命从出生至死亡的整个过程,进行完整性、人文性的生命意识的培养,引导学生认识生命的意义,追求生命的价值,活出生命的意蕴,绽放生命的光彩,实现生命的辉煌"。还有学者认为,生命教育旨在唤起人们对生命价值的认识,全面恢复人类生命的本性,采用理想的教育推动人的发展,提升人类生命的本性,使教育成为生命本质觉醒和显现的过程,成为个人向"人类"世界和自我不断开放的过程,从而改变教育的工具化和教育目标片面化的现象。还有学者认为,生命教育是以人为中心,做横的延伸、纵的连贯,包括身、心、灵的健全成长以及德、智、体、美的平衡发展,帮助孩子将内化的价值理念统整于人格之中,从观察与分享生老病死的感受过程中,通过"知、情、意、行"的整合,体会生命教育的意义与存在的价值,最终达到"认识生命、欣赏生命、尊重生命、爱惜生命"的目的。

(2) 生命教育是一种教育的存在形态

该观点认为生命教育是教育的一种存在形态,是教育的一个方面或一个部分。有学者从"生命情感与教育关怀"出发,提出教育关注个体、关注人,意味着要去关注个体作为生命的存在,关注其外显的活生生的生命展露,关注其内隐的、活泼的、流动的生命情感的化育。还有学者表示,生命教育是包括生与死的教育以及人生过程的教育。有学者认为,"生命教育就是有关生命的教育,它主要帮助人们认识并珍爱自己的生命,尊重他人的生命,并在此基础上主动思索生命的意义,找出自己存在的价值和定位,提升生命的质量,培养人们的人文精神,使之学会过现代人文明的生活"。还有学者认为,"生命教育是一种以提升学生的精神生命为目的,为学生快乐而成功地生活做准备的教育活动"。

(3) 生命教育是一种综合性的活动

该观点认为生命教育不仅是一种全人教育的培养,也是一种生活教育的实践,更是一种人之生命的价值追求。我国著名的生命教育理论专家郑晓江教授认为,生命教育具有几个特点:第一,这是一种不分专业,不论受教育者的文化层次、无须区分教育门类、全民性的、终身的教育过程;第二,重点在于开掘心灵,因此,生命教育应该是公民教育;第三,本质是从生命层面入手,使全体公民认识到生命的本质意义,学会关爱他人,从一个"自然人"过渡为全面的社会人。还有,台湾学者吴庶深对台湾十年来的生命教育进行了全面深入的总结,他指出,生命教育不仅是全人类教育的理念,也是具体的教育方案或课程,目的是为促进人生理、心理、社会、道德及灵性各方面的均衡发展,以建立自己与他人、环境以及宇宙之间相互尊重与和谐共处的关系,协助其追求生命的意义和价值,以期达到健康和正面的人生。

尽管学者们对生命教育的定义各有侧重,但总体而言,其核心在于唤醒个体的生命意识,倡导对生命的尊重与珍视,鼓励个人发现并发展自己独特的生命潜能,实现并体现生命的意义与价值,培养健康而美好的生命状态。所以,生命教育不仅是一种教育理念,更是一种教育实践。

2. 生命教育理论的发展

(1) 国外对生命教育的研究进程

国外的生命教育兴起于20世纪60年代的美国。目前,美国的中小学普遍将生命教育作为一门独立学科进行研究,内容涵盖了死亡教育、品格教育、挫折教育和生计教育等多个方面。具体而言,美国中小学阶段的死亡教育有以下内容:①自然的生命循环、植物及动物的生命循环;②人类的生命循环:出生、成长、衰老及死亡;③生物的层面:有关死因、死亡的界定;④社会和文化的层面:丧葬的风俗及有关死亡的用语;⑤经济和法律层面:保险、遗嘱、葬礼⑥有关于哀伤、丧礼、守丧等层面;⑦儿童文学及艺术中对死亡的描写;⑧死亡的宗教观点;⑨道德和伦理的主题:自杀及安乐死等;⑩生死相关的个人价值。美国中小学的品格教育主要通过课程讲授、各学科课程渗透和学术活动来实施,其中"公民"和"社会科学"等科目是品格教育的基础。挫折教育也是美国生命教育的一部分,因为培养孩子的抗挫折能力等同于培养他们独立生活的能力。至于生计教育,美国中小学将其作为专门课程,旨在弥合普通教育与职业教育之间的差距。学校基础的生计教育模式将中小学教育分为三个阶段:生计认知阶段、生计探索阶段和生计定向阶段。

在英国,生命教育被视为一种全人教育。《柯瑞克报告书》提倡以渗透型模式实施生命教育,认为生命教育与其他学科的结合在各学校和关键阶段是可行的。报告书认为,通过生命教育培养积极主动的公民,可以促进国家经济和政治的进步,同时提升社会文化、道德和社会风气。英国出版的《教师手册》将生命教育的垂直式思考深度和水平式思考广度相结合,从小学到高中三个年级均设置"了解自己""保持健康""人际关系的发展"和"发展成为一个公民"等四个单元,逐步推进从个人社会和健康教育到合格公民的确立。

日本教育界近年来提出的"余裕教育"是生命教育的一种形式,旨在将学生从应试教育中解放出来,通过寓教于乐的方式恢复孩子的天性,教会他们如何做人。其中,热爱生命的教育强调人与自然和谐相处,热爱所有生命,帮助青少年认识到生命的美好和重要性，使他们在面对挫折时变得坚强。同时，日本中小学非常重视生命安全教育，认为不同年龄阶段的学生应该接受不同层次的生命安全教育。小学阶段是进行安全教育的最佳时期，因为这个阶段的儿童最容易接受安全指导并将其转化为行动，养成良好的安全习惯。错过这个关键时期可能会在孩子未来的人生中留下隐患。日本中小学利用体育保健课、道德课、综合学习时间等科目进行生命安全教育，其中体育保健课是生命安全教育的核心课程。小学阶段的体育课重点是"防止受伤"，而初中阶段则以"伤害的防范"为重点，主要以交通安全教育为核心。

（2）国内对生命教育的研究进程

20世纪90年代初期，我国台湾地区开始进行生命教育研究。通过系统构建生命教育的内容、方法、取向和实践途径等理论体系，有效地促进了该地区生命教育的兴起和普及。在二十世纪八九十年代，台湾地区频繁出现校园暴力和青少年自杀等事件。其主要原因在于台湾的教育政策在很长一段时间内过于偏重理工实用，而忽视了人文和伦理道德教育。许多青少年在面对多元价值观的判断和选择时感到困惑。所以，在遭遇挫折和困境时，他们往往选择消极逃避或采取极端的报复行为。为此，教育部门和学术界对青少年的不健康行为进行了反思，并采取了相应的行动。1997年，台湾教育当局在天主教中学晓明女中设立了"伦理教育推广中心"，并于次年更名为"生命教育推广中心"。自1998年起，"伦理教育课"被调整为"生命教育课"，并由经过专门培训的教师授课。2000年，教育当局成立了推动生命教育委员会，并宣布次年为"生命教育年"，推广生命教育。台湾的学术界和教育界对生命教育的研究倾向于应用性，其成果多以实验报告或研讨会论文的形式展现，研究内容涵盖了生命教育的内涵、意义、教材编写、课程体系、师资培训等方面，研究取向包括伦理、宗教、生死、健康、生涯、性别、环境等。20世纪90年代末，台湾的生命教育已经发展成为贯穿幼儿园至大学的全民教育体系，内容丰富多样。例如，台湾普通高中课程纲要规定了多门生命教育课程，包括"宗教与人生""哲学与人生""生死关怀""道德思考与抉择""人格统整与灵性发展""生命与科技伦理""性爱与婚姻伦理"。在高中以下阶段，生命教育则渗透到各科教学和课外活动中，如安排小学生参观医院的产房、手术室和安宁病房。生命教育的理念和实践得到了社会各界和家庭的广泛支持，政府、学校、社会和家庭形成了强大的合力，对扭转台湾社会价值缺失和道德滑坡的局面产生了积极影响。

大陆高校学者自20世纪90年代起开始对生命教育进行全面的理论研究,并迅速在全国范围内形成了研究热潮,逐步构建了包含生命教育内容、目标、模式、途径等理论体系。从1997年叶澜教授首次提出"生命教育",到2010年7月教育部发布《国家中长期教育改革和发展规划纲要(2010—2020年)》,明确强调"重视生命教育",学界对生命教育进行了广泛的研究与探索,取得了丰富的成果。

① 关于生命化教育思想的研究。冯建军是国内较早系统地研究生命教育理论与实践的学者。早在1999年,冯建军从种生命与类生命的关系出发,提出人是自然生命与超自然生命的统一体,关注生命完整性的教育,就是要促进生命完整和谐发展教育的践行,在三个层次上,即将自然生命的教育、精神生命的教育和社会生命的教育整合在一起。而后又在其发表的《生命教育的内涵与实施》一文中论述了生命教育的内涵及不同价值取向,并总结了生命教育内容要从人与自我关系的教育、人与他人关系的教育、人与社会关系的教育、人与自然关系的教育、人与宇宙关系的教育等五个维度予以划分。

② 关于生命道德教育的研究。生命道德教育是在生物科学与生命体验相结合的视角下来把握生命、道德和道德教育的。该理论强调人与生命之间的道德关系,凸显出生命在人意识中的特殊地位,生命道德就是要回到生命之中、遵循生命之道、关爱生命。将生命教育融入道德教育之中,使道德教育从形式到内容摆脱空洞和抽象。

③ 关于生命哲学的研究。刘济良长期从事价值观教育研究,2000年开始关注生命教育。他认为自然生命、价值生命、智慧生命、超越生命共同组成了人的完满生命。他在《关于生命教育的思考》中提出教育活动应当尊重生命个体的选择,教育既是建立在学生个体生命基础上的活动,又是直面人的生命的一种活动,在教育过程中要引导学生发现生命、认识生命、实现生命、创造生命。也就是说,真正的生命教育应当成为一种包含着对学生生活、生命、人性等的关爱、呵护和照料的富于人情味、现实化的活动。他把"生活世界"的概念引入生命教育中,注重生命教育中心理和情感层次的体验,为生命教育研究打开了一条新的思路。

④ 关于生命教育实践的研究。目前,部分高等院校已设立了生命教育的研究机构,如浙江传媒学院于2008年创建了"生命学与生命教育研究所",北京师范大学于2010年成立了"生命教育研究中心"。浙江传媒学院的"生命学与生命教育研究所"是中国大陆高校中首家专注于生命教育之研究与实践的教育机构。自

2008年以来,该机构已成功举办了众多教学研讨活动,包括与台湾地区共同举办的两岸大学生生命教育高峰论坛,有力地推动了本土化生命教育理论的深入研究。北京师范大学的"生命教育研究中心"亦在推动生命教育方面取得了显著成就,该中心创建了全国首个生命教育网站——"中国生命教育网",并出版了超过20部生命教育领域的专著与教材。此外,研究中心还与辽宁、湖北、云南等多地的中小学建立了稳固的合作关系,定期举办生命教育理论的宣传、培训及交流活动,为生命教育的普及与发展作出了积极贡献。

(二)生命教育理论下体育课程思政的实践方向

1. 融合生命教育理念

将生命教育的理念与体育思政教育的目标相结合,通过体育课程不仅传授运动技能,还强调生命价值、安全意识、自我保护能力和道德情操的培养。在体育课程中,教师首先应唤醒学生的生命意识,通过讲解和体验活动,让学生认识到生命的脆弱与宝贵,理解体育运动对身心健康的重要性,使之对生命产生敬畏之心。其次,还要强化学生的安全意识。例如,结合体育项目的特点,教授学生预防运动伤害的知识,如正确的热身与拉伸方法、合理的运动负荷控制、紧急情况下的自救与互救技能等。并且,通过对校园体育伤害事故情景再现、案例分析等方式,让学生在实践中加深对安全重要性的认识,形成"安全第一"的潜意识,确保体育活动在安全的环境中进行。最后,提升学生的自我保护能力。例如,在体育课程中,注重基础动作技能的规范教学,同时引导学生将这些技能应用于自然灾害(如地震、火灾等)的逃生演练情境中,提高在面对突发状况时的自我保护能力。此外,除了身体上的自我保护,还应关注学生的心理健康,通过心理健康教育,帮助学生建立积极向上的心态,学会在压力和挑战面前保持冷静,有效应对。

2. 精选生命教育内容

生命教育理念下体育教学应该注意思政教育内容的优化和整合。例如,适当增加急救知识、防灾减灾技能、运动损伤预防与处理等内容,提高学生的安全意识和自救能力。在实施过程中,教师应预先对学生的学习情况进行详尽调查,并深入分析学生所关注的社会热点问题。这些热点问题可作为体育课堂中实施心理、环保、道德和团队教育的关键资源。此外,教师还应根据学生的根本需求,制订特定的教学计划,以丰富学生的学习体验,并持续加强他们对生命的理解。通过精心挑选并增加生命安全教育的分量,体育课程不仅能够教授运动技能,还能在更广泛的层面上提高学生的安全意识和自我保护能力。这不仅确保了学生在体育活动中的安全,也为他们未来的生活和职业发展打下了坚实的基础。因此,体育教师应积极寻求和实践生命安全教育的内容与方法,促进学生的生命发展。

3. 创设生命体验过程

在体育教学中,应该创设贴近学生生活、兼具挑战性与趣味性的教学情境,引领学生深入理解生命安全、体验生命价值。这一过程旨在打破传统课堂的界限,将理论与实践紧密结合,让学生在模拟的真实世界中,不仅学会保护自我、救助他人的安全技能,更能深刻体会到生命的脆弱与坚韧,以及在团队协作中共同成长的力量。例如,在火灾逃生模拟演练中,学生可以扮演消防员、救援队员、被困群众等不同角色,通过紧密配合,制订逃生计划,实施救援行动。通过分组合作、角色扮演等形式,让学生面对挑战时能够相互支持、共同协作。这一过程不仅能够锻炼学生的组织协调能力,还能让他们深刻体会到在困境中团结互助的重要性,感受到生命在集体力量中的顽强与坚韧,更能够形成积极向上的人生态度和价值观。

4. 关注生命意义评价

在生命教育理念下,体育课程评价不仅包括传统的运动技能评价,还应将生命安全素养、道德品质、社会责任感等方面的评价内容纳入考量体系,形成多元化的评价体系。具体来说,生命安全素养是指个体在面对各种紧急情况时,能够采取正确和有效的措施来保护自己和他人的安全。这包括了解基本的急救知识,具备应对突发事件的能力等。通过增加这一评价内容,能够鼓励和引导学生在日常生活中更加注重安全意识,提高自我保护能力。道德品质的评价则关注个体在行为和思想上的道德表现。这包括诚实守信、尊重他人、公正无私等基本道德准则。通过评价学生的道德品质,能够帮助他们树立正确的价值观,培养良好的道德行为习惯,从而成为对社会有益的公民。社会责任感的评价则强调个体对社会的责任和贡献。这包括积极参与社会公益活动、关心社会问题、为他人和社会作出贡献等。通过增加这一评价内容,能够激发学生的社会责任感,培养他们的公民意识,使他们在未来能够更好地为社会服务。通过多元化的评价,不仅能够更全面地了解和评价学生个体的发展状况,还能够引导他们在各个方面取得均衡的进步,最终实现生命的健康成长和发展。

二、全人教育理论

(一)全人教育理论的兴起与发展

1. 全人教育理论的缘起背景

联合国教科文组织将全人教育定义为"能够促进个体身心、智力、责任感、精神价值及审美意识等方面全面发展的教育"。20 世纪 70 年代,受人本教育学派理论的影响,一些北美教育理论激进派借用生态学、神话学、系统论、西方精神理论传统等概念,提出"以人的完整发展"为核心概念的学习理论。70 年代末期,全人教育主要提倡者隆·米勒正式提出"全人教育"的概念,并将其理论根源追溯至卢梭、裴斯泰洛齐、梭罗、爱默生、蒙特梭利等近代或当代教育心理学家的思想。1988 年,隆·米勒在美国佛蒙特州布兰顿市创办了第一份以研究全人教育为宗旨的专业期刊《全人教育评论》,后改名为《交锋:寻求生命意义和社会公正的教育》。1990 年 6 月,80 位支持全人教育的学者在芝加哥签署《教育 2000:全人教育的观点》,提出全人教育的十大原则。此后,全人教育的研究队伍逐渐扩大,也涌现出了一批较有分量的研究成果。

2. 全人教育理论的发展阶段

隆·米勒指出在全人教育的发展历史上先后有过两种不同取向的整体论。一种是把整体论视作改造世界的一剂良药,是足以扫荡社会一切不良现象的人类社会发展的"新范式",是一种范式论的全人教育;而另一种则更为小心地看待人类历史且充分认识文化改造的难度,是一种"批判理论视野的整体论"。

(1)"范式论"的全人教育

最早作为"新范式"的全人教育是以人本主义心理学和强调情感取向的教育为思想资源的。在 20 世纪 70 年代末,皮尔斯瓦、康菲尔德、加林、法迪曼等人首次讨论了全人教育的话题。他们抛弃了传统的课程和对智力训练的强调,转而注重发展人的"自尊、良好的人际关系、健康的身体、对生命的所有方面的尊重、建设性的社会参与、创造性和直觉思维以及独一无二的人生经历"。当然,在卢梭、裴斯泰洛齐、福禄贝尔以及蒙特梭利、斯泰纳等人的教育思想中,都或多或少地体现了这种人的全面和谐发展观念。全人教育运动只不过是教育理论思潮汇集之后所产生的一股激流而已。全人教育理论家们雄心勃勃,宣称全人教育运动不在于对教育的点滴改革,甚至也不只是"重构"教育,而是使教育产生根本的范式转变,包括教育的基本假设、基本目标、课程内容、课堂和学校建筑以及学习者、教师和管理者角色等各方面。但是,因为疏于建设一套改造社会的具体操作程序,这一阶段的全人教育并没有对学校的课程或管理的改革产生多大的影响。

(2) 批判理论视野的全人教育

1983 年,《国家处在危险中——教育改革势在必行》的发表,打压了 70 年代以来的全人教育风潮。在该报告公布以后,许多教育改革的尝试出台,如"合作学习""整体语言学习""基于成果的教育"等。然而,这些教育改革措施在全人教育学者看来仍然只是属于"修补漏洞"而不是重新考虑教育系统的设计。进入 20 世纪 80 年代,全人教育家开始反思前期全人教育运动的得失,并试图重新建立全人教育的基本理论和理论阵地。1988 年,约翰·米勒《全人教育课程》的出版、隆·米勒《全人教育评论》杂志的创办以及 1990 年全球教育改造联盟的成立,都标志着第二波全人教育思潮的发展。但是,全人教育在当时的影响还是比较小的,这在很大程度上是因为此时的全人教育仍然遵从 70 年代的社会改造理想,过于拔高全人教育所能承担的社会责任和能起到的作用。正如隆·米勒所说,全人教育正处于一种更广泛的文化运动之中,它应从这些运动中吸取营养,并与之对话,形成一种新的具有批判视角的全人教育。

(二) 全人教育理念下体育课程思政的实践方向

1. 全人教育的基本原则

20 世纪 90 年代,全人教育家们在《教育 2000:全人教育的观点》报告中,提出全人教育的十条基本原则:

(1) 教育最主要最根本的目的是培育人类发展的内在潜能。

(2) 每个学习者都是独特且有价值的,每个个体都内在地具有创造性,有独特的身体、情绪、智力和精神需求和能力,拥有无限的学习能力。

(3) 教育是经验的产物,学习是一种积极的、多种感官参与的个体与世界间的互动过程。

(4) 重视教育过程的完整性,完整性意味着每个学科应就丰富的、复杂的、整合的生活现象提供一个不同的视角。为达此目的教育机构必须转型,政策应有相应的改变。

(5) 教育者应当是学习的支持者,学习应当是有机的、自然的过程,而不是教师根据社会的要求生产出某种产品。

(6) 在学习的所有阶段,都必须提供选择的机会。

(7) 建立真正的民主教育模式,使所有公民能够以有意义的方式参与到社区和全球的生活中。

（8）无论是否意识到每个人都是全球公民，教育都应培育一种对人类经验伟大差异性的欣赏。

（9）教育必须从它与生活的一切形式的深刻关联中有机地生发出来，必须重新点燃人类与自然世界间的关系，人类与自然界之间是相互共存的伙伴，人类不应当把自然视为可开发的资源。

（10）人最重要、最有价值的是他内在的、主观的生命——自我或者说灵魂。教育必须滋养人的精神性生活，使其健康成长而不能通过无休止的评价和竞争伤害它。

2. 全人教育的知识观

相对于机械世界观的归纳法，全人教育更强调演绎策略。演绎是基于这样一个假设，即要理解一个事物，首先必须了解这个事物背景的各部分之间的联系。也就是说理解部分必须以理解作为背景的整体为基础，这样在了解某个部分的时候，才能够去理解各个部分之间的关系以及部分与整体之间的关系。不理解整体，部分便没有价值。这种以整体作为背景来理解部分的思路很恰当地反映了全人教育的知识观。在全人教育看来，知识以何种方式组织起来决定了知识内容的性质，也就是说知识的结构决定知识内容的性质。从这种知识观出发，就会自然而然地产生一个推论，学习应从"背景开始"，注重"关系"的建构，在"背景"的范围内选择、组织和使用相关的事实达到理解、解决问题和做出决策的目的。由此，也形成了全人教育的课程安排以跨学科和超学科为主要形式。在传统学校课程体系中，根据知识领域的不同分类，一门科目对应一个知识领域。而全人教育更倾向于跨学科课程安排，即围绕一个或多个需要解决的难题，综合运用两种以上学科的知识，通过解决问题来达到学习、运用多种学科知识的目的。或者超学科课程安排，即将几乎所有知识领域的科目整合在一个宽泛的主题之下，需要综合运用各种各样的知识来解决一个复杂的问题，最终实现培养"整体的人"的教育目标。

3. 全人教育的学习观

与"关系"知识观和"跨学科"课程观相对应，全人教育所主张的学习观是一种整合学习。它是针对现代教育中注重单项内容的传授，而忽视多种内容之间的联系，忽视事实的掌握与技能的培训的联系而提出来的。整合学习的目的是通过在知识、技能与不同主题之间建立广泛的联系，促进知识与技能的迁移，培养学生的分析思维和创造思维,全面提升学生的多种能力。什么是整合学习?它是"基于相互联系与整体性原则之上,把学生视为身体、心灵、情感和精神完整发展的整体的人,它通过多种形式的共同体,发展一种在学科之间、学习者之间建立关联的教学方式。整合学习还寻求学习情境中内容与过程、学习与评价、分析性思维与创造性思维等因素之间的动态平衡。最后,整合学习还具有包容性,它面向各种各样的学生、各种各样的学习策略,以满足学生多样化的学习要求"。整合学习包含以下五层含义:

(1) 学习不仅仅是智力的发展过程,也是人的身体、情感、社会化、灵性等方面的发展过程。

(2) 人具有多种学习和认知方式,学习过程是各种认知方式共同参与的过程,学习过程涉及人的身体、情感、思维、想象、直觉等的共同参与。

(3) 整合学习的核心是联系,认识世界万物之间广泛的联系与相互关联性是整合学习的目的,也是整合学习提出的最主要理由。

(4) 整合学习必须依赖于一定的情境,要开展整合学习,就必须设计出一个学习社区。

(5) 整合学习需要教师的作用,指导整合学习的教师必须是全科教师。

4. 全人教育在体育课程思政的实践

随着社会的不断发展,全人教育理念再次成为引领教育改革的重要指导思想,它强调在教育过程中要关注学生的全面发展,包括知识、情感、意志、身体等各个方面。因此,在全人教育理念下,学校体育课程思政的改革目标应该是通过体育教学,全面提升学生的身体素质、心理素质和社会适应能力,促进学生的全面发展。为了达成这一目标,体育课程思政还需要进行全面的深化改革。

(1) 寓教于乐,以德为先:重构体育教育生态

传统的体育教学往往以教师为中心,注重技能的传授与训练,而忽视了学生的主体地位和情感体验。在全人教育理念的指导下,体育课程思政的首要任务是转变这一观念,强调"寓教于乐,以德为先"。这意味着教学过程中,教师应成为引导者,通过设计富有趣味性和教育意义的体育活动,激发学生的学习兴趣,让他们在参与中主动探索、学习,并在此过程中潜移默化地接受道德教育。例如,在一堂篮球课上,教师不是仅仅教授投篮、运球等基本技术,而是将"团队合作"作为核心主题融入教学。通过组织"无球跑动接应"游戏,让学生在没有持球的情况下,通过默契的配合和有效的沟通完成进攻任务。游戏结束后,教师引导学生分享游戏

体验,讨论如何在比赛中体现尊重对手、帮助队友等体育精神。这样的教学方式,让学生在享受运动乐趣的同时,也深刻理解了体育道德的重要性。

此外,体育规则是体育精神的体现,也是培养学生规则意识和自律品质的重要载体。在体育课程思政中,教师可以通过讲解和践行体育规则,引导学生认识到规则对于维护公平竞争、促进社会和谐的重要性。同时,结合具体体育事件,如奥运会中的争议判罚、运动员的违规行为等,引导学生分析讨论,培养其批判性思维和道德判断能力。例如,教师利用多媒体教学资源,播放一段国际足球比赛中球员因犯规被红牌罚下的视频片段。随后,组织学生围绕"犯规行为的界定""红牌罚下的后果"以及"如何避免类似行为"等议题展开讨论。通过这一过程,学生不仅加深了对足球规则的理解,还学会了如何在比赛中遵守规则、尊重对手,进而将这一理念延伸到日常生活和学习中。

(2)以体强身,增强体质:强化体育锻炼实效

为了全面增强学生的体质,体育课程应提供多样化的教学内容,满足不同学生的兴趣和需求。除了传统的田径、球类项目外,还可以引入体操、武术、游泳、攀岩等多种运动项目,让学生在多样化的选择中找到适合自己的锻炼方式。例如,目前很多学校开设"体育选项课",学生可以根据自己的兴趣和特长选择课程。对于喜欢挑战和冒险的学生,学校可以提供攀岩课程;对于注重身体柔韧性和协调性的学生,学校可以提供瑜伽和舞蹈课程。通过这种方式,不仅激发了学生的运动热情,也有效提高了体育锻炼的针对性和实效性。

同时,体育比赛是检验学生运动技能和团队协作能力的重要平台,也是培养学生竞技精神和抗压能力的重要途径。学校应定期组织各类体育比赛,如校运会、班级联赛等,让学生在比赛中体验胜利的喜悦和失败的挫折,学会面对挑战、勇于拼搏。例如,在一年一度的校运会中,学校可以设置传统的田径项目和球类比赛,还可以增设趣味运动会和团体接力赛等项目。通过团队项目,锻炼了学生的团队协作精神和合作意识,也使他们学会如何在团队中发挥作用,如何在竞争中保持公平和尊重。

(3)以技载道,技道融合:深化体育课程的思政教育内涵

在体育课程思政中,体育道德不仅是外在的行为规范,更是学生内在品质的体现。教师应通过言传身教、榜样示范等方式,将体育道德内化为学生的自觉行为。例如,在比赛中,教师应强调公平竞争、尊重对手、诚信参赛等原则;在日常训练中,教师应关注学生的情绪变化和行为表现,及时纠正不良习惯,培养学生的自

律意识和责任感。

技道融合是体育课程思政的精髓所在。技道融合，即将运动技术与道德精神深度融合，要求学生不仅在技术上精益求精，更要在精神层面上追求卓越。这一目标的实现，需要教师在教学实践中不断探索和创新，将体育道德和体育规训转化为具体的教学活动和评价标准，从而促进学生身心健康发展和人格健全。例如，在武术课程中，教师不仅教授学生基本的拳法、腿法等技术动作，还注重"武德"的培养。通过讲述历代武术大师的故事，如李小龙的坚韧不拔、霍元甲的爱国情怀等，激发学生的民族自豪感和责任感。同时，在训练过程中，教师强调"以礼始，以礼终"，每次训练前后都要求学生行抱拳礼，以此培养学生尊重师长、尊重对手的良好品德。此外，教师还设置"武德之星"评选活动，通过学生自评、互评和教师评价相结合的方式，评选出在训练中表现出色、品学兼优的学生，给予表彰和奖励，以此激励学生不断提升自己的技术水平和道德素质。还有，在长跑训练中的"坚持与毅力"磨砺，在篮球课中"团队精神"的培养，这些都是对运动技术在学生思想道德品质发展过程中重要教育价值的具体体现。

同时，也可以通过跨学科整合学习，将体育课程与历史学、自然科学、艺术等多个领域深度融合。这样不仅可以丰富体育课程思政的教育内涵，更能够在潜移默化中提升学生的道德品质、文化素养及创新能力。

① 体育与历史的结合：在篮球、足球等球类运动的教学中融入其起源、发展、国际赛事及背后的文化故事。通过视频资料、图文展示及小组讨论等形式，让学生深刻理解每项运动背后的历史脉络和文化价值，引导学生思考体育精神如何跨越国界、种族，成为人类共同的语言和追求。

② 体育与自然科学的结合：在学习田径运动时，教师可以引入物理学中的力学原理，让学生了解跑步、跳跃等动作的科学依据，从而提高他们的科学素养。同时，教师还可以结合生理学知识，讲解运动对身体健康的影响，帮助学生树立正确的运动观念，养成良好的锻炼习惯。引导学生强调尊重科学、追求真理的精神，鼓励学生将科学态度应用于学习和生活的各个方面，培养严谨求实的学风。

③ 体育与艺术的结合：在学习体操和舞蹈时，教师可以引导学生欣赏和理解各种动作的美学价值，培养他们的艺术鉴赏能力。此外，教师还可以通过组织体育表演和比赛，让学生在展示自己运动技能的同时，体验到艺术创作的乐趣，从而提高他们的创造力和表现力。同时，引导学生理解美的多样性和包容性，培养审美情趣和人文素养，在追求美的过程中，保持真诚、善良、勇敢的品质，成为有温

度、有情怀的时代青年。

综上所述，基于全人教育理念的学校体育课程思政全面升级是一个系统工程，需要从顶层设计、教师队伍建设、校园文化营造和评价体系改革等多个方面入手，并形成合力，才能真正实现体育与思政教育的深度融合，培养出全面发展的人。

第二节　体育课程思政方法手段的创新

学校体育课程思政的有效落实，不仅需要教育思想与教育理念的顶层设计，还需要一系列有效的手段与方法。特别是随着社会发展的不断进步，学生对于体育教育的需求也在悄然变化。因此，学校体育课程思政教育改革需要紧跟时代步伐，不断创新教学的方式和方法，以确保体育课堂成为立德树人的重要阵地。

一、数字化教学

（一）数字化教学的概念阐释

数字技术的快速发展倒逼教育变革发展。近年来，数字化转型逐渐成为社会发展的必然趋势，"互联网＋""数字社会""人工智能"等名词频频出现在人们的视野中。在数字化转型的时代背景下，教育领域也在不断地开展数字化转型探索。一般来说，数字化教学就是通过数字形式展现教育内容、过程和评价，旨在实现教育资源的数字化、网络化、智能化和个性化目标。数字化教育的核心在于数字技术在教育领域的运用，涵盖了数字教材、资源以及平台等方面。在推进教育数字化的进程中，无论是从宏观的视角，还是从微观的层面来理解，都强调将教育的进步建立在技术的有效支持之上。

（二）数字化教学的主要特征

1. 要素组合的重构性

数字化教育的演进是一场系统要素深度重构的历程，无论是在目标、价值、理论还是实践层面，都最终指向教育数字信息资源的高效运用。这一进程对教育的众多要素和教育教学流程的重塑产生了深远的影响，特别是通过数据要素的核心流动，优化了业务逻辑，重塑了育人秩序，创新了引导性育人场景，从而为受教育者提供了更为优化的学习体验，并显著提升了育人效果。此过程系统性地融合了施教者、学习者及管理者画像，涵盖了教育数据的感知、采集、计算、推理、分析及应用等各个环节,旨在构建出全新的引导性教育场景及相应的治理活动。值得注意的是,这一数字资源闭环并非数字数据的简单堆砌,而是紧密围绕育人目标与任务,遵循教育的固有规律,在传统教育体系技术转型的基础上进行的深度重构。这体现了工具理性与价值理性的和谐统一,是系统要素在理论、实践与技术逻辑高度一致前提下的全面重组与升级。

2. 场景体验的鲜明性

随着前沿技术的全方位介入,特别是增强现实(AR)技术、虚拟现实(VR)技术、混合现实(MR)技术以及数据挖掘技术等的应用,教育活动已经呈现出与传统教育截然不同的面貌。头盔教学、情景模拟、仿真训练等新技术手段的广泛应用,不仅为广大的学习者提供了更加优质的学习体验,还构建了沉浸式的育人场景。这些技术使得理论课堂的学习、社会实践的开展以及网络在线的培育能够有机地统一起来,更加有效地将教育的知识传递、价值塑造和能力提升整合并联通起来。网络教育、精准教育、计算教育的不断迭代,为教育数据化转型奠定了坚实的基础,并为教育的进一步移动化、数据化、个性化提供了强有力的支持。这些技术的应用不仅改变了传统的教学模式,还使得教育资源的获取和分配更加公平和高效,极大地提升了教育的普及率和质量。通过这些技术,教育者可以更加精准地了解学生的学习需求和进度,从而提供更加个性化的教学方案,使得每个学生都能在适合自己的节奏和方式下进行学习。同时,这些技术还为教育研究提供了丰富的数据支持,使得教育理论和实践能够更加紧密地结合,推动教育科学的不断发展。

3. 数字驱动的多样性

随着数字化技术的广泛应用,教育领域迎来了数字化转型前所未有的发展机遇。教育数字化转型不仅仅是在微观层面上对技术应用的简单迭代更新,更是一场涉及理念更新和模式变革的全面系统性转变。技术的进化是一个持续不断地被选择、被发展和被强化的过程,在这一过程中,人的决策和方向控制发挥着至关重要的作用。因此,数字化教育的发展呈现出显著的多样性特征。它必须依赖于技术的深入参与和融合,没有数字化技术的全面介入,就无法实现教育的数字化转型。技术的进步不仅改变了我们改造世界的方式,还转变了人类社会的经济形态,并在更深层次上影响了人类对自身的认知。在教育领域,技术的应用不仅改变了教育环境,还使得教学活动、学习活动和互动不再仅限于人与人之间,而是扩展到了人与机器之间。技术以多种方式赋能教育的数字化,包括课堂教学模式创新、日常教育管理、教育者教学研究提升以及评价体系改进等。从资源数字化到部门间数据共享,从平台建设到信息交流,技术在每一个环节和过程中都为教育提供了支持,并以多样化的方式实现了物理世界与数字世界的连接,推动了人、机、物、环境之间的智能化互动。可以说,教育的数字化发展是技术逻辑在现实中的具体体现。技术的深入应用不仅改变了教育的方式和手段,还为教育者和学习者提供了更多的可能性和选择,使得教育更加个性化、高效和互动性强。

(三) 数字化教学的实践策略

1. 虚拟现实(VR)技术的深度应用

在体育课程教学实践过程中,可以充分利用数字技术、数字化资源对学生开展思政教育。例如,利用 VR 技术,学生可以身临其境地参与各种篮球比赛、田径赛事等,通过模拟真实场景,加深对运动规则、策略和技巧的理解。这种沉浸式体验不仅提高了学生的学习兴趣,还增强了他们对体育精神的感知和认同。同时,VR 技术可以模拟复杂的运动场景和动作,帮助学生进行针对性的技能训练,并且通过系统即时反馈学生的动作完成情况,指出存在的问题并提供改进建议,从而提高学生的运动技能水平。

2. 在线学习平台的构建与利用

在体育课程建设过程中,可以搭建集资源整合、即时交流、实时反馈等功能于一体的在线学习平台,为学生提供丰富的课外学习资源。这些资源包括教学视频、专业期刊、学术论文、运动健康知识等,帮助学生拓宽知识面,提升综合素质。在线学习平台也可以根据学生的学习情况和兴趣偏好,为其推荐个性化的学习路径和课程资源,有助于激发学生的学习兴趣和动力,提高学习效果。师生、生生之间也可以通过在线学习平台进行在线互动和协作。学生可以在平台上提问、讨论、分享学习心得和实践经验,形成积极向上的学习氛围。教师则通过平台及时解答学生的疑问,提供学习指导和支持。

3. 社交媒体与数字工具的融合

教师可以通过微博、微信等社交媒体平台,鼓励学生分享自己的学习成果、比赛经验和感悟。这种互动方式不仅增强了学生的归属感和成就感,还促进了学生之间的交流和合作。同时,在体育教学中适当引入运动传感设备、智能手环等数字工具,监测学生的运动数据、心率变化等生理指标,可以帮助学生更好地了解自己的身体状况和运动表现,为制订个性化的训练计划提供依据。教师也可以通过分析这些数据,评估学生的运动能力和进步情况,对学生的学习进度和思想状态进行即时跟踪和反馈,为调整教学策略和计划提供有力支持。

二、个性化教学

(一)个性化教学的概念阐释

为更好地理解个性化教学,首先要弄清楚什么是"个性"。不同学科对"个性"有着不同的解读。在心理学领域,个性是指"个体精神面貌的全部内容,是个体在独特的生活道路中形成的不同于他人的稳定特征,反映了人与人之间的个别差异"。在哲学领域,个性的研究首先建立在人的世界观基础之上,以此来探讨人的本质,以及人在宇宙体系中的地位,旨在揭示社会发展历史中个性发展的普遍规律。换言之,哲学所关注的个性问题,是解决主体与客体事物之间关系的问题。哲学意义上的个性研究更侧重于从普遍性角度探讨某一事物与其他事物的差异性,以及共性与个性共存的辩证关系。在教育学领域,个性是指个体独特性的总和,它是由多种素质综合而成的,使个人区别于他人的稳定特征。因此,教学活动作为展示和塑造教师与学生独特个性的关键场所,必须在教学过程中尊重每位个体的独特性,并关注他们的需求。

基于教育学领域对"个性"的理解,个性化教学主要是指一种以学生为中心的教学模式,旨在满足每个学生的独特需求、兴趣和学习风格。这种教学方式强调教师应深入了解学生的个性特点,包括他们的认知能力、情感态度、学习动机和背景知识等,从而设计出符合每个学生特点的教学策略和学习活动。当然,在此过程中,教师作为有个性的人,也不可忽略其精神和物质需求,以及情感和道德需求。所以,有效的个性化教学既要满足教师的发展,也要满足学生的发展。

(二)个性化教学的主要特征

1. 多样性

个性化教学并不是指仅仅关注个别学生或者个体的教学方式,也不是要完全否定大班集体教学的价值。相反,个性化教学的核心在于关注每一个学生的独特需求和学习特点,通过采用多样化的教学方法,挖掘和激发学生内在的学习动机,从而实现每个学生有效的学习效果,进而促进学生全面的发展。因此,在体育教学中,不能仅仅依赖一种教学模式、一种学习方法、一种学习动机、一种教学大纲、一种统一教材或者一种测试方法。相反,应该根据每个学生的个性特征和学习习惯,以及他们的具体学习需求,对教学目标、教学设计、教学方法、教学评价等各个方面进行个性化和多样化的精心设计。这样,才能确保每个学生都能在体育课程中获得最适合自己的学习体验,从而达到最佳的学习效果,促进他们的全面发展。

2. 个别性

尽管个性化教学不等同于个别化教学，但个性化教学确实包含了个别化教学的元素，且个别性是个性化教学的一个主要特征。在体育的个性化教学过程中，教师通常需要根据学生的个性化需求提供个别化的指导和支持。这种针对个别学生的定制化帮助是提升整体教学质量的关键，也反映了体育教学在满足学生个性化需求方面的基本实践。当然，体育的个性化教学的个别性特征，并不意味着必须对每个学生进行单独教学，而是强调当学生有个性化需求时，应提供单独的指导和支持，否则难以真正实现学生学习体育的价值和意义。然而，在实际教学中，为了提升整体的教学质量，许多教师倾向于重点关照占多数的中等学生，而对少数的优等生和后进生关注度不足。这种现象是典型的大众化教学，未能充分关注学生的个性化需求，特别是优等生和后进生的特殊需求。如果在教学实践中能够对有特殊需求的学生进行个别化的指导，将能更好地发挥这些学生的个性和特长，这正是个性化教学核心价值的体现。

3. 差异性

差异性是个性化教学的重要特征之一。根据美国著名心理学家霍华德·加德纳提出的多元智能理论，每个学生的智能类型和结构都具有独特性，这些差异性在很大程度上影响了他们在体育学习过程中的表现。例如，那些在运动智能方面发展较为突出的学生，在体育课上往往会展现出更加协调的动作和更强的运动能力，而那些运动智能发展相对迟缓的学生，即便付出了极大的努力，也可能难以达到老师设定的标准。在这种情况下，教师需要凭借丰富的教学经验和对学生学习能力的精准判断，为每个学生量身定制差异化的教学方案，帮助他们在各自的基础上最大限度地发挥潜能，实现全面发展。因此，个性化教学应当是理解学生之间的差异，尊重差异，通过有针对性的教学策略来解决这些差异，从而促进每个学生的成长和发展。

（三）个性化教学的实践策略

1. 合理运用分层教学

根据学校的资源状况，可以实施分层教学。例如，学校体育场地、器材充足，上课班级人数较多时，可以先通过课前的运动能力测试，将学生分为基础、提高、成熟等不同水平的学习小组。对于基础组，重点教授基础运动技能和规则，旨在激发学生对运动的兴趣和培养其规则意识，并为后续的提高班打下坚实基础；对于提高组，可以教授有难度的动作组合，培养学生持续锻炼、坚持不懈的意志品质;对于成熟组,可以通过比赛的形式,培养学生团队协助的能力和竞争精神等。通过这种方式,教学活动能够更加高效地适应不同学生的需要,确保每位学生都能在适合自己的水平上得到提升。

2. 利用网络开展个别指导

由于体育课堂时间的限制,教师不可能对所有学生都进行一对一指导。为此,就要在课下充分利用网络开展个别指导,突破时间和空间的限制,为学生提供更加个性化和灵活的学习支持。教师可以利用网络平台,如在线教育软件、社交媒体等,与学生进行一对一的沟通和交流。通过这种方式,教师可以及时了解学生的学习情况,发现他们在学习过程中遇到的问题,并给予针对性的指导和帮助。例如,对于基础组的学生,教师可以在线上提供更多的示范视频和图文教程,帮助他们更好地掌握基础运动技能;对于提高组的学生,教师可以在线上发布一些具有挑战性的任务和练习,激发他们的学习兴趣和自主学习能力;对于成熟组的学生,教师可以在线上组织模拟比赛和团队协作项目,进一步培养他们的团队精神和竞技水平。此外,教师还可以通过在线测试和评估工具,定期检测学生的学习效果,及时调整教学策略,确保每位学生都能在适合自己的水平上得到提升。

3. 开展多样化的课外体育活动

为满足学生对体育的个性化需求,学校可以开展多样化的课外体育活动。这些活动不仅能够为学生提供展示自己运动才能的平台,还能增强他们的团队合作能力和社交能力。例如,学校可以定期举办校内体育比赛,如篮球、足球、田径等项目,让学生在比赛中体验竞技的快乐和挑战自我。此外,还可以组织各种主题的体育活动日,如"健康跑""趣味运动会"等,让学生在轻松愉快的氛围中享受运动的乐趣。学校还可以成立各类体育俱乐部,如羽毛球俱乐部、游泳俱乐部、武术俱乐部等。这些俱乐部可以由学生自发组织,教师提供指导和帮助。通过俱乐部活动,学生不仅能够学习到更多的运动技能,还能培养自己的领导能力和组织能力。同时,俱乐部还可以定期与其他学校进行交流比赛,拓宽学生的视野,增强他们的竞争意识。

三、项目化教学

(一) 项目化教学的概念阐释

1. 国外学者对项目化教学的理解

从教育学的历史脉络来看,项目化教学的核心理念可追溯至 20 世纪初美国实用主义教育学家杜威的教育哲学,他提出"教育即生活,教育是经验的传递"的论断,并明确倡导"做中学"的教育与学习范式。其学生克伯屈在此基础上进一步发展了设计教学法,将其阐释为体验式教学的实践形态。克伯屈强调,学习是一个集体验、感知、认知与行为于一体的综合过程,主张通过亲身体验来转化与创造知识。

自20世纪末起,项目化教学作为学习领域的一次革新性尝试,再次吸引了广泛关注。众多教育学者视之为推动21世纪技能运动的重要力量,认为其蕴含的创新理念是传统教育模式所难以企及的。项目化学习不仅促使教师角色发生深刻转变——由传统的讲授者与指导者转变为学习资源的供给者与学习活动的共同参与者,而且更加关注学生的个性化兴趣,倡导在真实、原始的情境与材料中进行学习,而非仅仅局限于课本上的间接知识与结论。此外,它还推动了评价体系的革新,强调将绩效评价与可视化成果相结合,以全面反映学生的学习成效。

美国巴克教育研究所(简称 BIE,成立于 2008 年)对项目化教学的定义进行了深入阐述,认为它是一种引导学生在限定时间内,针对具有吸引力、真实性及复杂性的问题或课题进行深入探究的教学方法。在此过程中,学生不仅能够掌握必要的知识与技能,还能够培养基于课程标准的核心素养,如自我管理、合作能力与批判性思维等。

同时,德国的鲁道夫·普法伊费尔与我国的傅小芳也对项目化教学进行了界定,他们指出,这是一种以教师为主导、学生为主体的教学模式。在此模式下,教师负责在特定情境下引导学生基于自身的生活与学习经验提出问题与创意,并指导学生制定解决问题的策略与方案。学生则根据自身的学习需求与兴趣点自主选择研究课题进行深入探究,并在探究过程中自主选择学习方式、实施学习活动并进行自我评估,从而全面发展必要的技能与能力。

2. 国内学者对项目化教学的理解

目前,国内学术界对项目化教学的定义尚未统一,但多数学者倾向于接受巴克教育研究所提出的概念,并从各自的研究角度对其进行了阐释。有学者认为,项目化教学既是一种教学方法,也是一种课程设计策略,它强调思维的拓展和对核心知识的重构。也有学者将"项目"视为教学的媒介,认为项目化教学是一种以学生为中心、以项目为载体、以成果为导向的教学模式,将学习过程置于问题解决的环境中。还有学者借鉴管理学中"项目"的本质含义,提出教育领域的项目化教学是以学科知识和概念为核心,旨在形成并展示成果,在真实情境中利用各种资源,在限定时间内解决一系列问题的探究活动。

综合国内外学者对项目化教学的理解,可以发现项目化教学是一种基于教育学立场,引导学生通过小组合作的形式在一定时间内针对一个吸引人、真实且复杂的问题或情境,制定项目,完成计划及分工,并最终产出多样化的项目作品。可见,项目化教学尊重学生的认知水平和心理特点,将学生作为学习的主体,强调知识与情境的紧密结合,主张在动态、积极、立体的教学过程中提升学生的素养,具有符合新时代要求的教育价值。

(二) 项目化教学的主要特征

1. 以学生为中心

项目化教学的主要特征之一就是以学生为中心。因此,在构建体育项目化教学方案时,必须遵循学生的身心发展规律,并准确满足他们的实际需求,不仅要提高他们的运动技能和身体素质,更要促进健康行为的养成和体育品德的塑造。首先,要明确学生"应有"与"现有"能力之间的差距,这是项目设计的基础和关键。为此,教师需要深入分析学生当前的学习状况,精确识别学生的能力不足之处和成长潜力。这不仅是设定具体学习目标的依据,也是激发学生内在动力、促进其主动参与的关键。其次,教师的角色在此过程中也应该重新定位。教师不仅是知识的传递者,更是学生学习意义构建的协助者以及学习过程的促进者。教师的作用体现在为学生搭建学习支架,提供必要的支持与反馈,确保学生在探索的道路上既不迷失方向,又能充分体验成长的乐趣与挑战,此过程中学生不再是被动接受知识的容器,而是积极参与、主动构建知识体系的主体,在讨论中碰撞智慧,在资源的搜集与整合中培养自主学习和创新能力。

2. 以真实情景为依托

项目化教学往往要依托与学生生活实践相关的真实情景开展深度学习。深度学习作为一种富有成效的学习方法,要求学生在掌握教材内容的同时,将新知识与已有知识融合,以实现对学习内容的深刻理解,这是一个意义建构的过程。如何达到深度学习?创设情景是体育项目化教学设计的关键基础。通过创设体育教学情境将运动能力、健康行为、体育品德相互关联,为在体育教学领域落实"立德树人"的根本任务提供着力点,从而为学生体育课程学习构建相应的教育意义和德育方向。体育项目化教学设计应创建真实的学习情境。一方面,能够激发学生的体育学习兴趣,帮助他们逐步建立体育知识与技能的结构框架,在回顾旧知识的同时实现对新知识的构建和理解,促使学生在解决问题的同时进行深入持久的项目探究活动。另一方面,真实的学习情境能够让学生体验到学习的真实感,引导学生将抽象的知识与现实生活联系起来,使学生能够在未来的复杂现实环境中运用所学知识解决问题,充分理解体育学习的价值与意义,并在掌握运动技能的同时促进健康行为和体育品德的协同发展。

3. 以合作探究为形式

项目化教学需要学生通过合作的形式共同解决问题。建构理论认为,协作学习是认知构建发展的关键。在项目化教学中,这一理念被具体化为确立清晰的学习目标、科学划分协作小组、精心创设教学情境、有序开展协作活动以及全面进行评论评价等多个环节。在这一过程中,小组成员之间在持续的合作探究中展现出互助合作、共同进步的学习行为,不断解决问题,达成学习目标。基于合作探究的项目化教学,鼓励所有学生参与项目活动,加强了学生间的沟通与交流,增进了友谊,并营造出愉快活泼的课堂氛围。它将不同背景的学生团结在一起,促进了各自优势技能的发挥,并激励他们为完成共同的项目任务而共同努力。在合作探究的过程中,不仅提升了知识技能,还促进了学生综合能力的发展。

为了确保合作探究的有效性,合理且充足的学习资源成为不可或缺的关键因素。教师作为学习的引导者与支持者,需精心策划项目内容,积极创造有利的学习条件与环境,确保每位学生都能获得必要的学习资源,以支持他们在不同情境下灵活应用所学知识,为学生未来适应多元化职场环境奠定坚实的基础。

(三)项目化教学的实践策略

1. 创设项目驱动问题

项目化教学的核心是如何提出驱动性问题,一个出色的驱动性问题能够提升学生参与项目活动的热情,点燃他们探索与思考的激情,并推动他们思维能力的成长。在设计体育项目化教学的驱动性问题时,首要任务是聚焦育人理念,确保问题本身具有育人的深远意义。例如,在学习足球传球技术时,简单直接的问题如"足球有哪些传球方式"或"脚内侧传球的动作要领是什么"并不能有效激发学生的学习兴趣,也无法达到育人的效果。应从育人理念出发,将足球传球技术与学生的全面发展相结合,可以提出"在足球比赛中,根据同伴和对手的位置,如何选择合适的传球方式",这样的驱动性问题能够逐步引导学生深入思考,将比赛情境融入学习过程,并且能够培养学生的团队意识和协作精神。

其次,体育项目化教学还要通过驱动性问题设计提升学生的高阶认知,这正是项目学习活动区别于其他实践活动的关键所在。美国心理学家罗伯特·加涅指出,人脑对信息的处理过程即为认知,而处理的方式则构成了认知策略。这些策略是学习者用来调控自身注意力、记忆、思维等内在过程的技能,其目的在于促进学习者对自身认知行为的持续反思,并对所应用的概念和规则进行优化。认知策略分为初级和高级,项目化学习作为一种促进学生进行有意义知识建构的学习方式,旨在通过项目学习过程激发学生高级认知的发展,并在进行高级认知活动的同时促进初级认知的成长。在设计体育项目化教学时,应当将两种认知方式相互结合,使学生在整个项目活动中获得有意义的知识建构。

最后,驱动性问题必须与学生的实际经验相联系。在学习过程中,学生会遇到各种问题,这些问题正是驱动性问题的源泉。确定项目主题后,教师可以利用量表或访谈来了解学生的想法,并通过调查来掌握学生对主题已有的知识技能以及他们希望进一步学习的知识技能。基于这些信息,教师能够将问题转化为更具意义的驱动性问题。此外,由于这些问题更贴近学生的实际需求,它们在项目活动中更能激发学生持续探索的兴趣。

2. 设计项目活动主题

体育项目化教学设计不再局限于对教师教学方法的机械性规划,而是转向对学生学习过程的精心设计。这种教学方式注重在项目活动中为学生提供有意义的学习体验,使他们通过实践来学习,将学习、思考和行动紧密结合。因此,学生在真实情景中的综合实践活动具有一定的情境依赖性和身份代入性。例如,在设计创编武术操项目活动中,学生小组可以首先收集相关资料,深入了解武术的文化历史以及一些典型套路动作。然后,学生小组通过讨论确定创编的策略和套路动作的学习重点。接着,学生小组可以通过观看视频教程并结合教师的指导,学习武术套路动作并创作内容。最后对项目成果进行展示。通过项目化教学,学生能够在实践中学习和体验中华传统武术文化,实现知行合一。

3. 健全项目成果评价

项目化教学强调采用多主体和多元化的评价方式,以满足学生的个性化需求,并激励他们全身心地投入学习中。体育项目化教学评价不仅要关注学生项目成果的展现,还要关注学生完成项目过程的表现,将过程性评价和终结性评价结合起来。评价内容应该涵盖体育知识与技能的掌握程度、思想表现、成果展示以及实践活动的综合表现。教师可以通过终结性评价对学生进行体能测试或专项技能测试,以检验学生对核心知识的掌握和应用能力。同时,通过过程性评价来评估学生的实践活动过程中与他人的合作交流能力。在评价工具的选择上,除了技能测试外,还要有思想表现的行为评价。例如,是否尊重他人意见,是否愿意与他人合作等,从而使得评价结果更加综合和全面。

四、跨学科教学

(一)跨学科教学的概念阐释

1. 国外对跨学科教学的研究

在 20 世纪 20 年代,美国心理学家伍德沃斯在美国社会科学研究理事会的一次会议上首次提出了"跨学科"这一术语,并正式开始使用它。该术语的核心在于植根于学科特有的思维方式,促进不同学科间的融合。截至 20 世纪中期,在美国基础教育阶段已开始实施综合课程,有 11 所高中将跨学科教学作为独立课程引入,推广跨学科教学方法。2012 年,美国国家研究委员会发布的《K-12 年级科学教育框架》明确指出,跨学科概念是指那些能够应用于所有科学领域的概念。此外,《科学素养的基准》《国家科学教育标准》以及《大学科学教育成功标准》等文件也均提到了跨学科教育的重要性。美国的跨学科教学主要是教师根据学生的特长和兴趣,设计个性化的、可选择的探究性科学课程,以问题为中心,与现实情境相结合,引导学生自主综合运用所学知识进行探究。

进入 20 世纪 80 年代,英国学者杰弗里·汉弗莱率先提出了"跨学科学习"理论。他强调,跨学科学习涉及学生在深入探索与他们的生活环境紧密相关的问题时,跨越多个学科获取知识,并实现知识的整合与应用。在英国北爱尔兰地区,跨学科实践主要采用"主题学习"方法,即打破传统学科界限,围绕一个核心主题整合相关学科知识,形成探究主题,并在学生的学习过程中培养其解决问题的能力。

日本也较早地开始了跨学科教学的实践,2018 年颁布的《小学指导纲要》确立了跨学科课程改革的多层次目标体系,包括人文类、科学类和素养类跨学科课程。此外,加拿大、新加坡等发达国家在课程标准中也明确提出了跨学科融合教学的概念。

2. 国内对跨学科教学的研究

我国自 20 世纪 50 年代起便开始了以"跨学科"为主题的研究工作。二战结束后,传统学科面临挑战,研究视角从分化转向了融合。例如,年鉴学派积极倡导"多学科制度"。到了二十世纪六七十年代,跨学科研究迎来了它的黄金时代。直到 20 世纪 80 年代,我国学者才开始广泛研究相关学科的跨学科教学,并逐渐发展出多个相关概念,包括学科交叉、学科融合、学科渗透和学科整合等。

跨学科融合教学的发展经历了从学科结合到学科融合,再到核心素养指导下的跨学科融合的演变过程。学科结合指的是在教学形式上将两门或多门学科结合起来,通过前后相继或交替的方式共同完成教学活动。学科融合则是在承认学科差异的基础上,打破学科界限,通过学科间的相互渗透与交叉来实现融合教学。而在新课标提出的"核心素养"指导下的跨学科融合则是在不同学科有主有次的前提下,以主导学科为核心,连接各相关学科,进行一体化教学的活动。核心素养下的跨学科融合不仅仅是不同学科间的简单拼接或混搭,也不仅仅是资源的统整和参与,而是强调学科核心素养,注重学生体验和内化的学科交叉与渗透的教学活动。通过这种方式,不同学科的知识能够在学生个体中融会贯通,实现真正的素质教育。

综上所述,通过国内外对跨学科教学的研究,可以确定跨学科教学首先要打破不同学科之间的学术壁垒,将两个或两个以上的学科知识整合在一起,通过有机穿插和融合,为学生提供更为宽广的知识视野和综合性的学习体验。

(二)跨学科教学的主要特征

1. 跨学科主题的多元化、具体化

跨学科教学从多学科视角出发,以培养学生的综合学科素养为目标。可见,跨学科主题是众多学科知识交汇的焦点。因此,在选择主题时,应考虑如何综合运用多学科知识来解决单一学科难以应对的复杂问题。例如,在体育思政教育过程中,跨学科主题的多样性体现在体育与爱国教育、美育、劳动教育等方面的结合。例如,"钢铁战士"的主题,就结合了体育与国防教育,培养了学生的爱国情怀;"人与自然和谐美"的主题,则促进了体育与美育的结合,培养了学生的审美观念;"劳动最光荣"等主题,则体现了体育与劳动的结合,培养了学生的劳动观念。这些都为体育跨学科教学提供了丰富的参考。在确立跨学科主题后,还需要对主题进行具体化操作,就是将宽泛的主题分解为更具体的主题,并明确各级主题的学习目标,将教学目标细化至每个具体教学环节。以"钢铁战士"主题下的"长途奔袭、火速增援"为例,它涉及历史、地理等学科知识,而细分后的主题内容包括模拟增援、处置险情等具体活动。通过这种主题的细分,可以更有效地实现不同的教学目标,使学生能够循序渐进地完成教学内容,达到预期的学习效果。

2. 跨学科教学的情境化、实践化

跨学科教学强调主题的情境性,每个主题都构建了特定的问题情境,将学生置于情境之中,通过亲身体验模拟情境中的问题,锻炼学生的主动思考和问题解决能力。在这个过程中,可以促进学生将理论知识与实际应用相结合,让学生在实践中深化理解,提高综合运用知识的能力。由此可见,教学设计应注重实践环节的安排,例如,在"钢铁战士"主题下,可以组织学生进行野外生存训练,让学生在实际的环境中应用体育、国防教育以及地理等学科知识,增强团队协作能力和应对突发状况的能力。此外,还可以通过社区服务、企业实习等形式,让学生在社会实践中体验劳动的价值,将"劳动最光荣"的主题落到实处。这些经历可以让学生领略不同职业的风采,端正思想道德,树立正确的人生观和价值观,对学生未来的生活、学习和工作产生积极的影响。

3. 跨学科评价的多元化、综合化

跨学科教学开展学习评价时,不是仅仅局限于单一学科的视角和标准,而是综合多个学科的知识、方法和视角来进行全面的评价,强调不同学科之间的交叉和融合。例如,在"人与自然和谐美"主题下,除了体育能力的评价外,还需要对学生的环保设计能力进行评价,如校园绿化、垃圾分类等,真实评价学生在实践中表现出的综合能力。当然,为了全面评估学生在跨学科主题学习中的表现,评价方式也应多元化。除了传统的笔试和口试,还应包括项目作业、实践报告、团队合作表现等多种评价形式。通过多元化的评价方式,可以更全面地反映学生在知识掌握、技能运用、创新思维和团队协作等方面的表现,从而更好地指导学生的学习和发展。同时,教师也应根据评价结果不断调整教学策略,以提高跨学科主题学习的效果。

(三)跨学科教学的实践策略

在设计体育跨学科主题学习的实践策略时,首先要确定一个明确的教学主题,然后要创设相应的教学情景,接着制定教学目标、组织教学内容、规划教学活动,最后进行教学评价。

1. 确立教学主题

(1)依据立德树人的理念,筛选恰当主题

开展体育跨学科教学设计时,首要任务是明确教学主题。选择教学主题时,可以参照新课程标准中提出的五大方向性主题。例如,体育与爱国主义教育或其他教育领域相结合的主题,各有其侧重点。教师在选择时,应结合学生的实际情况、自身的知识储备,挑选出合适的主题进行教学设计。选择与学生当前学习阶段相匹配的主题内容,有助于学生更好地理解知识;选择自己熟悉的领域,则能更有效地驾驭跨学科主题学习的课堂。

（2）关注社会热点，细化主题范围

确定主题后，需要进一步细化主题范围。通过关注社会热点和时事新闻，可以找到与体育紧密相关的事件，从而缩小主题范围，便于进行跨学科主题学习的教学设计。例如，在世界大型体育赛事中，国家间的竞争可以激发学生的爱国情感，点燃为国争光的激情。教师在选择跨学科教学设计的主题时，可以以某项重要赛事为背景，设置体育与爱国主义相结合的教学活动。

（3）梳理学科内容，建立知识联系

在主题确立过程中，可以分解厘清其中的有关知识，熟悉过后对其进行融合重组，使各科知识更好地为主题服务。比如说在进行有关中国女排的主题教学中，可以结合女排的历史，把她们永不言败精神方面的知识内容进行串联，丰富教学主题。

2. 创设教学情境

为了实现立德树人和五育融合的目标，跨学科教学设计必须从现实生活中汲取灵感，培养学生的社会责任感。因此，在跨学科主题学习中的情境创设应聚焦于学生普遍关注的事件，并可从日常生活、体育赛事以及英雄事迹中挑选合适的内容。

（1）分析教学主题，查找相关资料

一旦主题确立，接下来应搜集与该主题相关的文字和视频资料，以便深入理解主题所涉及的真实情境。教师需先熟悉这些情境，并掌握其中涉及的知识点。由于主题情境通常包含多学科的知识，教师在准备本主题知识后，才能在后续的情境创设中关注细节，构建更为完善的教学情境。同时，教师应提高对跨学科内容的敏感度，以便在各种事件中识别其跨学科的特性。

（2）模拟实际情况，带入角色扮演

在跨学科学习中，学生对角色的扮演也至关重要，这要求学生扮演情境中的人物，并思考在该情境下如何做出反应。通过角色扮演的体验，学生可以丰富职业感受，学习真实人物的品格和精神，从而在精神层面上得到洗礼。体育跨学科教学中可以融入许多思政元素，例如，体育与国防教育的紧密联系，还有"女排精神"将体育中的排球运动与爱国主义精神相结合；户外运动中的定向越野跑，不仅需要体育中的中长跑能力，还需要地理学中的识图用图技能以及冷静分析和解决问题的综合能力。合理创设教学情境，正确引导学生学习知识、解决问题，有助于培养学生的核心素养。

3. 制定教学目标

教学目标是教学设计的核心,明确的目标能够使学习过程更加高效。与其他体育课程教学相比,跨学科教学强调五育并举和多学科知识的融合,因此,教学目标的制定对于整个教学流程具有导向性作用。在制定跨学科主题学习的教学目标时,必须从全局出发,聚焦于核心素养,体现运动能力、健康行为以及体育品德的发展目标。

4. 组织教学内容

跨学科教学内容与传统单科教学内容存在显著差异,它不仅仅关注于单一体育项目技术动作的学习,而且还依据教学主题的细化,对细化后的主题进行精心组织。通过将多学科知识融入情境中的事件或活动,跨学科教学内容得以重组,以符合教学目标,确保教学内容的设置能够有效支持这些目标的实现。为此,首先要将各学科知识进行深度联系,避免肤浅的跨学科教学,比如将体育课的口令更换为英文。其次,为了防止跨学科主题学习因内容繁杂而无法按时完成,必须对跨学科教学内容进行精简和压缩,选择最恰当的内容进行教学,以确保教学的效率和效果。

5. 规划教学活动

跨学科教学活动与常规教学有所不同。教学活动不仅包括教师的教授和学生的学,还包括学生的主动探究和相互协作。在跨学科主题的教学活动中,通常包括课前资料收集、课中自主完成任务、课后分享收获等环节。教学活动的规划应满足培养目标,并结合学校、教师自身、教学条件等实际情况进行安排。一方面教师应避免单纯的灌输式教育,而应通过循循善诱的方式,利用教学情境引导学生更好地融入人物情境。通过引导,优化教学活动。在主题情境下,给定学生角色,明确阶段任务,引导学生学习。另一方面,学生也要发挥主观能动性,树立学生主体意识。在教师明确主题学习目标任务后,学生应积极主动地开展学习,从而提高学习的自主性和主动性。

6. 进行教学评价

跨学科教学效果不能局限于量化评价,在教学过程中应采用多样化的评价体系来分析教学效果。除了关注学生对知识技能的掌握情况外,还应关注学生在学习过程中展现的协作能力、组织能力以及价值观念的行为表现。例如,教师应密切观察学生的学习过程,包括学生在教学主题下的各教学主线中完成任务的态度、能力水平、进步情况和努力程度等。同时,也可以采用小组评价的形式,小组成员对同学在学习过程中的参与度、学习能力和思想品德进行评价。也可以在经过一段时间的学习后,通过提问或测试的方式进行终结性评价,检查学生的学习情况。

第三节　体育课程思政教学资源的整合

一、数字技术的支持

(一) 数字技术赋能教育的内涵

随着科技的迅猛发展,数字技术逐渐成为推动经济社会发展的关键力量。它通过优化资源配置、提升生产效率,促进了全要素生产率的提升,并培育了新的经济增长点。数字技术本质上是信息技术的高级阶段,在信息处理中表现出高效和精准的特点,同时具备渗透性和协同效应。它能够与传统领域深度融合,提升其价值,并拓展与新兴领域的融合,形成广泛而深刻的行业变革。在教育领域,数字技术逐渐成为不可或缺的重要工具,通过大数据、人工智能、云计算等多种先进技术,可以为教师和学生提供更加个性化和高效的教与学支持。通过数字技术不仅能够自动分析学生的学习情况,还能智能推荐适合的学习资源,实时反馈学习成果,从而帮助教师更好地了解学生的学习进度和需求,调整教学策略。同时,学生也能通过数字技术获得更加精准的学习指导,提高学习效率和质量。这些功能的实现,使得数字技术在提升教学效率和学习效果方面发挥了显著的作用。

可见,数字技术赋能体育课程思政建设主要体现在将 5G、云计算、大数据、物联网、人工智能等先进数字技术手段深度融入体育课程思政建设的全领域、全过程,推动体育课程思政育人过程智能化、个性化、高效化、数据化、协同化发展,全面提升学生的认知性实践、社会性实践、伦理性实践能力,进而更高效地落实以体育人的教学理念,实现立德树人的根本任务。

(二) 数字技术在体育课程思政中的功能体现

1. 数字技术赋能体育课程思政精准识别

在当今这个数字技术高度发达的时代,教育模式正在经历一场深刻的变革。与传统的教育模式相比,数字技术赋能下的教育模式更加注重精准化和个性化。

(1) 在精准识别学生思想动态方面,教育者可以借助社交媒体、网络论坛、在线调查等多种数据源,通过学生在虚拟世界和现实生活中的"数字足迹",深入分析他们无意识中流露的情感、态度和价值观。这种方法使得教育者能够更有效地识别学生的思想倾向和发展趋势,从而为教育工作提供更为精准的指导。

(2) 在精准识别行为轨迹方面,数字技术能够依据学生的基础信息进行行为模式分析。通过这种方式,教育者可以为体育课程思政的有效开展提供科学的决策依据和实施路径。例如,通过对学生在体育活动中的表现和参与度进行分析,教育者可以更好地了解学生的兴趣和需求,从而设计出更具针对性的课程内容和教学方法。

(3) 在精准识别精神需求方面,鉴于精神需求的隐蔽性、多样性和动态性特点,传统体育课程思政在满足这些复杂且多变的需求方面面临挑战。然而,数字技术通过收集和分析学生在日常生活中的文化偏好、娱乐选择、社交互动以及对个人成长的追求等"数字足迹",能够更全面地揭示学生的真实需求。这种方法使得教育者能够为体育课程思政提供精准的指导,进而有效地满足学生的精神性需求。例如,通过分析学生的在线行为和兴趣爱好,教育者可以设计出更具吸引力的课程内容,激发学生的积极性和参与度,从而更好地促进他们的全面发展。

2. 数字技术赋能体育课程思政精准分析

精准分析是一种先进的数据处理方法,它通过定性、定量和定位的分析手段,对经过收集、整理和筛选的大数据进行深入处理。这种方法能够有效地提取出有价值的数据信息,从而揭示学生在思想、行为和情感等方面存在的问题。在学生分析方面,精准分析特别强调全面性和动态性。它从个体层面出发,对学生的各个方面进行深入剖析,以确保能够全面了解每个学生的特点和需求。体育课程思政利用数字技术对学生的思想动态、行为表现以及情感状态进行实时、全面的监测和分析,从而能够及时调整教学内容和方法中思政元素的融入和实施方式,以更好地满足学生的需求。

在课程分析方面,精准分析注重差异性和多样性。针对不同学科、专业和年级的特定需求和特点,通过数字技术进行深入分析,比较不同课程设置的优劣和效果,这种分析方法能够帮助教育工作者开展有针对性的课程设计与优化,以满足不同学生的需求和特点。在教学分析方面,精准分析强调有效性和实时性。通过对教学过程中产生的各类数据进行即时分析和反馈,教育工作者可以利用数字技术对课堂教学、学习成效等各方面的数据进行实时采集和深度分析。这样,他们就能够为下一步精准调整教学策略、精准提供学习资源做好准备,从而提高教学效果。

在环境分析层面,精准分析强调隐性化和潜在性。这种方法旨在挖掘潜在的影响因素和干预点,通过数字技术的环境分析,挖掘隐藏在表象下与氛围环境、文化环境等相关隐性数据的潜在关联。这样,教育工作者就能够为体育课程思政提供有效的预警和干预,从而创造一个更加有利于学生全面发展的教育环境。

3. 数字技术赋能高校体育课程思政精准供给

在传统体育课程思政教学模式中,资源分配的均质化与个性化需求之间的矛盾一直是影响教育事业高质量发展的重要因素。数字技术的引入为精准供给提供了可能,有效解决了供需不匹配的难题。

(1)在精准认知供给对象方面,全面把握学生的数字画像是实现精准供给的首要前提。学生受地域、文化、生活习惯等多种因素的影响,呈现出差异性、多样性、动态性的思想特点、行为模式和情感需求。数字技术实现了对学生的全面认知,依据这些信息,可以为每个学生提供定制化的教学内容和资源,确保思政教育与学生的个性化需求相匹配。学生的实际需求得到"量身定制"的精准供给,确保了教育供给与学生需求的有效对接,从而避免了教育资源供需错位的现象。

(2)在精准生产供给内容方面,贴近和引导学生的思想、行为、情感和需求等是设计和开发体育课程思政内容的关键。为了更好地满足学生的多元化需求,教师必须全面而深入地了解每个学生的独特之处和个性化诉求。这不仅包括学生的学习习惯、兴趣爱好,还包括他们的心理状态、情感需求以及行为特点。只有充分掌握这些信息,教师才能更好地设计出符合学生实际需求的课程内容。借助数字技术,教师可以对学生进行数据分析、行为监测和情感识别,进一步根据学生的个体差异和差异化需求进行精细化划分。通过大数据分析,教师可以发现学生群体中的不同趋势和模式,从而制定更加有针对性的教学策略。行为监测可以帮助教师了解学生在课堂上的表现和参与度,及时调整教学方法,以提高学生的参与感和学习效果。情感识别技术则可以捕捉学生的情绪变化,帮助教师更好地理解学生的情感状态,从而在教学过程中给予更多的关注和支持。通过这些技术手段,教师可以更准确地把握学生的个性化需求,进而实现教育内容的精准供给。这意味着每个学生都能在课程中找到适合自己的学习路径,充分发挥自己的潜力。同时,这也为教师提供了更多的教学资源和工具,使他们能够更加灵活地应对学生的多样化需求,提高教学效果。通过精准供给内容,教育可以更好地服务于学生的全面发展，培养出更多具有创新精神和实践能力的人才。

（3）在精准运用供给方法方面，方法是实现教学目标的重要手段，也是影响体育课程思政教育效果的关键因素。传统体育课程思政多采用单一的"灌输式"教学方法，这种单向的传授方式无益于学生的主动学习和思考，也有悖于教育的本质要求。在数字技术的辅助下，体育课程思政采用"互动式""体验式"等多元化的教学方法，实现教育的双向互动、学生的主体参与。从互动式层面看，在"学习通""海教学习"等教学 App 工具的辅助下，学生可以实时表达自己对思政内容的学习观点与学习心得。例如，学生可以在这些平台上即时分享自己的学习观点和心得，与教师和其他同学进行交流和讨论。这种互动不仅激发了学生的积极性，还促进了他们对思政内容的深入理解和思考。从体验式层面看，借助虚拟现实（VR）、增强现实（AR）等技术，学生可以在虚拟课堂的具身式教学中感悟奥林匹克精神、中华优秀传统文化等思政内涵。例如，学生可以在虚拟课堂中亲身体验各种情境，如奥林匹克精神的传递和中华优秀传统文化的时空之旅，从而更加直观地感受到思政教育的内涵。这种体验式学习不仅增强了学生的参与感，还提高了他们对思政教育内容的认同感和内化程度。总之，通过采用多元化的教学方法，体育课程思政教育能够更好地实现其教学目标，促进学生的全面发展。

4. 数字技术赋能高校体育课程思政精准评价

体育课程思政评价涉及宏观和微观两个层面。在宏观层面，特别关注课程目标的设定、内容的合理布局以及对整体效果的评价。这种评价有助于全面了解课程的总体状况，确保目标的实现和内容的科学性。微观层面则侧重于每位学生的个体表现、学习进步和情感态度等具体评价。通过这种细致的评价，教师能够更深入地理解每个学生在体育课程中的具体表现和成长，为他们的个性化发展提供有力支持。

数字技术的应用使得体育课程思政评价更加高效和精确。通过实时搜集学生的学习数据、教师的教学数据以及课程管理数据，能够为评价工作提供全面、客观、准确的信息支持。这些数据的实时处理和分析，使教师能够及时掌握课程的执行情况，并及时调整教学策略，确保课程目标的顺利实现。用数字技术构建的体育课程思政评价体系，可以依托各种在线学习平台（如"学习通""海教学习""学乐云教学"等）的多样功能，实现对学生学习情况的全面监控和评估。这些在线学习平台不仅能够实时收集学生对社会主义核心价值体系、中华体育精神、中华优秀传统文化等思政内容掌握情况的多元数据，还能够通过数据分析和反馈，帮助教师及时了解学生的学习情况，从而有针对性地进行教学调整和指导。这样的评价体系不仅能够提高教学效果，还能够促进学生的全面发展，培养他们成为具有社会责任感和创新精神的优秀人才。

5. 数字技术赋能高校体育课程思政精准治理

精准治理是数字技术与管理理念在体育课程思政管理中的深度融合，是对体育课程思政各要素、各环节进行精准计划、组织、协调、控制的管理活动。数字技术赋能体育课程思政精准治理主要体现在以下三个方面：

（1）治理前置化

治理前置化意味着利用数字技术对学生、教师、课程等关键要素进行全面的描绘和分析，预测其发展趋势和潜在问题，并提前进行评估和干预。数字技术通过发挥大数据的分析和预测能力，减少了主观判断的不确定性，提高了决策的科学性和准确性，从而为体育课程思政治理提供了坚实的支撑。

（2）治理实时化

治理实时化实现了对体育课程思政治理各个环节的实时监控、反馈和调整。无论是课堂教学的状况、学生的学习进度，还是课程资源的配置和利用，数字技术都能够进行实时的跟踪和记录。它能够及时发现并分析问题的原因，并迅速进行干预，为教学和管理提供即时的支持。

（3）治理高效化

数字技术取代传统管理模式，是精准治理的一个显著优势。传统管理模式侧重于经验和规则，注重事后处理；而数字技术则侧重于数据和算法，注重事前预测和事中控制。数字技术的应用，不仅提升了治理的效率和效果，还为体育课程思政治理带来了创新和变革。

（三）数字技术在体育课程思政中的应用场景

1. 个性化学习路径规划系统

个性化学习路径规划系统能够根据每位学生独特的需求和特点，综合考虑他们的学习能力、兴趣偏好以及历史学习数据，从而为他们量身定制一条最适合的学习路径。这种系统通过精准分析和智能推荐，确保每位学生在学习过程中接触到的内容都是具有针对性和有效性的，从而提高学习效率和学习效果。通过这种方式，学生可以在最适合自己的节奏和风格中不断进步，实现个性化学习的目标。具体来说，个性化学习路径规划系统会收集和分析每位学生的体育学习背景、体育知识掌握情况以及体育方面的兴趣爱好等信息，利用先进的算法和人工智能技术,为每个学生生成一条量身定制的体育学习路径。这条路径不仅会考虑到学生当前的体育学习水平,还会预测他们在未来的体育学习过程中可能遇到的困难,并提前给出相应的解决方案。

此外,个性化学习路径规划系统还会根据学生的体育学习进度和反馈,不断调整和优化学习路径。例如,如果系统发现某个学生在某个运动技能上掌握得不够牢固,它会自动推荐一些相关的教学视频和学习资源,帮助学生自主开展巩固和提高训练,这样,学生就能在运动技能学习过程中始终保持高效和专注,避免了无效的学习。

总之,个性化学习路径规划系统通过综合考虑学生的个体差异和需求,为他们提供了一条最适合的体育学习路径。这不仅能够提高学生的体育学习效率和效果,还能激发他们学习体育的兴趣和动力,最终帮助他们在最适合自己的运动项目和学习节奏中不断进步,实现个性化学习的目标。

2. 学情分析与反馈系统

学情分析与反馈系统利用先进的自然语言处理技术和机器学习算法,通过智能分析学生们提出的各种问题和他们的学习状况,精准地识别学生们的学习需求,并提供针对性的解答和建议。该系统不仅能够提供量身定制的学习辅导,还能帮助学生们及时解决学习中的难题,从而显著提高学习的效率和成果。这种个性化的辅导方式,使得学生们在遇到难题时能够迅速找到解决方案,避免了长时间的困惑和停滞,从而大大提升了学习的连贯性和系统性。具体来说,就是通过分析学生们在体育学习过程中遇到的问题,实时了解他们的体育学习进度和难点。系统会根据学生们的体育学习情况,提供个性化的学习建议和解决方案,帮助他们更好地掌握运动技能。此外,系统还能够根据学生们的学习习惯和兴趣,调整学习内容和难度,使学习过程更加符合他们的需求。通过这种方式,学生们可以在学习过程中获得更加精准和有效的指导,从而提高学习效率和质量。系统不仅能够帮助学生们解决具体的体育学习问题,还能够提供全面的学习支持。系统会定期生成学习报告,帮助学生们了解自己的学习进度和薄弱环节,从而有针对性地进行改进。此外,系统还能够提供丰富的体育学习资源,如视频教程、文字资料和在线锻炼测评等,帮助学生们在不同方面提升自己的能力。通过这种全方位的学习支持,学生们可以在智能辅导与答疑系统的帮助下,更加系统和全面地掌握运动知识,发展运动技能。

3. 创设虚拟体验环境系统

通过运用虚拟现实(VR)和增强现实(AR)技术,我们可以构建一个互动性极强的学习环境,让学生们能够身临其境地体验各种体育项目。例如,在学习篮球技巧的过程中,学生们可以通过VR技术进入一个虚拟的篮球场,与虚拟对手进行一对一的对抗练习。在这个虚拟环境中,系统会实时捕捉和分析他们的动作,并根据分析结果给出具体的改进建议。这种沉浸式的学习体验不仅极大地提高了学习的趣味性,还显著增强了学生们对运动技能的掌握和理解。

此外,通过集成语音识别技术,学生们可以与系统进行实时对话,解答他们在学习过程中遇到的问题。学生们只需通过语音提问,系统便能迅速识别问题并给出准确的答案。这种互动方式不仅方便快捷,还能够帮助学生们在口语表达和听力理解能力上得到有效的锻炼和提升。通过这种方式,学生们可以在一个更加自然和互动的环境中学习,从而更好地掌握体育知识和技能。

4. 游戏化学习系统

通过将游戏化元素巧妙地融入体育教学中,可以极大地激发学生们的学习兴趣和参与热情。教师可以设计一系列具有挑战性的任务,并结合富有吸引力的奖励机制,让学生们在完成各项体育活动的同时,还能获得虚拟奖励,如徽章、积分和排行榜排名。教师通过灵活调整任务难度和奖励机制,确保每个学生都能在适合自己的水平上得到挑战和激励,从而让每个学生都能在学习过程中获得成就感和满足感。例如,在学习足球技巧时,学生们可以参与一个虚拟足球联赛,通过完成传球、射门等任务来积累积分,最终争夺冠军宝座,这种形式不仅让学生们在体育活动中感受到竞技的乐趣,还能激发他们的竞争意识。

游戏化学习不仅限于个人任务,还可以通过团队合作来完成更复杂的挑战。学生们可以组队参加虚拟接力赛或团队对抗赛,通过协作来克服障碍,增强团队精神和集体荣誉感,还能让学生们在虚拟环境中体验到真实的比赛氛围。例如,在学习排球时,学生们可以分成两支虚拟队伍进行比赛,系统会根据他们的动作和配合情况实时计算得分。通过这种虚拟团队竞赛,学生们不仅能提高自己的运动技能,还能在团队合作中学会沟通、协调和领导能力。此外,虚拟竞赛还可以跨越地域限制,让不同地区的学生在同一平台上进行交流和比赛,从而拓宽他们的视野和社交圈,增强他们的跨文化交流能力。

总之,通过这些技术手段不仅能够使体育教学变得更加生动有趣、个性化和高效,还能提升学生的学习动力和技能掌握,成为体育课程思政建设的有力支持,共同推动体育教育的发展。

(四)数字技术在体育课程思政中的未来展望

随着科技的持续发展和应用场景的不断扩展,数字技术在教育领域的应用将变得越来越重要。在不久的将来,我们可以期待更加精确、高效、便捷的智能化教育解决方案的诞生,为每个学生提供更加优质、个性化的体育学习体验。同时,数字化、智能化等教育支持系统的不断研发也将进一步推动教育公平,让更多偏远地区的学生能够享受到优质的教育资源。

2019年,国务院发布的《中国教育现代化2035》中明确指出要通过智能技术的赋能,重塑教育形态和知识获取方式,利用现代技术加速推动人才培养模式的改革,实现规模化教育与个性化培养的有机结合。为此,智能技术也将赋能课程思政建设,重建知识情境,创设高质量的交互式学习环境,打破固有的、预设的思维模式,解放局限于狭窄学科范畴的专业课程。通过编制师生多维关系图谱,实现教师角色从"经师"向"人师"的转变,恢复知识原有的价值属性和意义维度,融合专业话语体系与价值话语体系,连接学生所处的客观现实世界与主观意义世界,回归教育的本质。

通过"学—思—践—悟"的过程,将人的社会性和情感教育提升到应对新工业革命的高度,建立价值判断,关注人的存在意义,实现知识的实践意义,彰显知识的生成性和个体化价值,避免在技术高度发达、物质极大丰富的社会中,重复制造精神贫瘠的附属物。在更高层次上重视生活体验、个性特征,培育核心素养,面对复杂局面,解决复杂问题,形成人工智能时代不可或缺的创新意识与高阶能力、情感体验、审美判断力等,走出高度流程化、认知度低、可替代、可重复的岗位陷阱,实现人的全面发展。

此外,数字化教育工具和平台的普及将使得教育资源更加丰富和多样化,学生可以根据自己的兴趣和需求选择合适的学习内容和方式。在线教育平台和虚拟现实技术的应用,将使得学生能够随时随地进行学习,打破时间和空间的限制。智能化教育系统还可以根据学生的学习进度和能力,提供个性化的学习建议和辅导,帮助学生更好地掌握知识和技能。

同时,教育数据的积累和分析将为教育决策提供更加科学的依据,使得教育政策和教学方法更加精准和高效。通过大数据分析,教育管理者可以更好地了解学生的学习情况和需求,及时调整教育策略和教学方法,提高教育质量。

总之,随着数字技术的不断发展和应用,教育领域将迎来一场深刻的变革。智能化教育解决方案将为学生提供更加优质、个性化的学习体验,推动教育公平,促进教育质量的提升,为培养具有创新意识和高阶能力的人才奠定坚实的基础。

二、社会力量的协同

(一)校社联动

在体育课程思政建设过程中,需要将体育课堂与校外社会环境中的教育资源有效联结,即通过资源共享、优势互补,实现学校与社会之间的互动合作、深度融合。这种联动模式不仅能够为学生提供更多的实践机会,增强他们的实际操作能力,还能促进社会体育服务水平的提升,形成良性循环。通过校社联动,可以将优质的社会教育资源引入学校,为学校提供体育服务业务,让学生在优质的社会体育环境中锻炼和成长。

为了将体育课堂与社会环境中的教育资源有效联结,一般采取"请进来"与"走出去"的协同策略。一方面,可以邀请体育行业精英进入课堂,传授知识与经验,加强互动,树立榜样;另一方面,通过校外体育实践活动,引导学生走出校园,体验社会体育服务,更好地保障学生的体育锻炼质量和环境,消除课堂与社会之间的界限,促进双方的积极互动。

(1)可以将优秀的运动员引入课堂中来,邀请他们来分享自己在体育领域所积累的丰富经验和宝贵知识。这些优秀运动员在长期的训练和激烈的比赛中,积累了大量的体育实践经验,他们的讲解和示范能够帮助学生们更深入地理解掌握体育运动技能的精髓和技巧,不断提高学生的运动水平,全面提升学生的综合素质。同时,通过优秀运动员分享他们的成长经历,也可以传播和弘扬体育精神。这些运动员在面对困难和挑战时所展现出的坚韧不拔和永不放弃的精神,能够激励学生树立正确的价值观和人生观。这样,学生不仅能够在体育学习方面取得进步,还可能在未来的学业和生活中取得更大的成就。例如,北京体育大学曾经举办了一场别开生面的"冰雪思政课",特别邀请了一位花样滑冰世界冠军来到课堂。在课堂上,世界冠军与学生们进行了近距离的互动,通过分享自己的个人成长经历和比赛经验,让学生们更加深刻地理解了冰雪项目背后所蕴含的体育精神。这种生动的课堂形式不仅让学生们对体育运动有了更深入的认识,还激发了他们对体育的热爱和对未来的憧憬。

(2)可以邀请一些在体育领域取得卓越成就的教练员和体育科技服务团队来校举办讲座。这些专业人士不仅能够为学生们提供专业的技术和战术指导,还能分享他们在体育领域中的成功经验和失败教训。通过这种方式,学生们能够更全面地了解体育运动的内涵,从而在学习和生活中更好地运用体育精神。

(3)鼓励学校购买社会体育服务项目,将学校的小课堂扩展为社会的大课堂,构建课堂内外的"立交桥"。通过校外体育教学实践活动,带领学生走出校园,在校外体育实践平台和基地亲身体验运动的乐趣。例如,在冬天的时候,北方一些城市中小学有意向开展冰雪课堂,但是一般学校没有相应的场地和设施,就需要依靠当地冰场和滑雪场的社会资源。学校通过购买当地的冰雪体育服务项目,使学生们可以在冬季体验到各种各样的冰雪运动。这些项目不仅涵盖了滑雪和滑冰等传统项目,还包括了更具挑战性的冰球和雪橇等活动。学生在学习冰雪项目的过程中,不仅可以学习到冰雪运动的基本技巧,还能够深入了解冰雪运动的历史和文化以及这些运动在不同国家和地区的普及程度及其对社会的影响。在校社联动模式下,学生们不仅可以体验冰雪项目带来的运动乐趣,也能养成健康的生活方式和积极向上的精神风貌。同样,在一些南方城市中小学,也可以购买校外游泳体育服务项目。由学校统一组织学生到校外游泳馆参加体育培训机构提供的游泳体育服务项目。这些项目不仅包括基础的游泳教学,还包括水上安全知识、急救技能以及竞技游泳训练等内容,学生们不仅能学会游泳,还能增强自信心和团队合作精神。学生可以根据自己的年级和游泳水平,参与到不同的游泳学习班,每类学习班教授的内容不同,比如初级班主要教授基本的漂浮、呼吸和泳姿,而高级班则着重提高速度和技巧,也可以为有志于参加比赛的学生提供专业指导。这样学生的游泳水平可以在自己原有的基础上得到更大的发展,激发了学生的参与热情以及对游泳运动的热爱。

(二)家校联动

为有效实施家校联动模式,开展体育课程思政,学校必须进行统筹规划,组织全体教育工作者与学生和家长共同构建家校联动共同体,制定家校合作的策略,增进家长与学校之间的交流,提升家长对子女体育教育的重视。

1. 建立有效的家校沟通机制

学校应定期举行家长会议,向家长介绍学生体育课程的安排、教学内容和方法以及学生在校的体育表现,引导家长树立正确的教育观念,提高家长对学校体育教育的重视。家长亦可借此机会向学校提出建议和反馈,共同探讨如何提升学生的体育素养。

2. 开展家庭体育活动

学校可以策划亲子运动会、家庭健身挑战等,鼓励家长与孩子一同参与或者作为家长志愿者参与到学校体育活动的组织与管理工作中,以增强亲子关系,并培养孩子的体育兴趣和爱好以及体育精神。

3. 充分利用信息技术创新"互联网＋家校合作"模式

通过信息化教育的有机整合,为家庭与学校的共同育人提供全新的合作生态,并为精确实现体育教学管理打下坚实的基础。例如,通过微信、QQ等工具优化家校沟通方式。同时,通过信息化手段记录和交流学生的体育活动,实现学校与家庭之间的双向互动。此外,还可以结合信息化沟通工具,构建一个专门的家校沟通平台。学校可以在该平台上发布体育活动信息,让家长及时掌握孩子在校的体育锻炼情况,并鼓励家长积极参与。这样,学校和家长可以共同制订体育家校共育计划,明确双方的责任和义务,确保学生在家庭和学校都能获得充分的体育锻炼。学校还可以为家长提供科学的体育锻炼指导,帮助家长在家庭中为孩子创造适宜的锻炼环境和方式。

4. 共享体育教育资源

学校和家庭可以联合购买体育器材、共享运动场地,为学生打造更优越的体育教育环境。此外,学校应考虑将体育设施对外开放,激励家长在课余时间与孩子一同参与体育活动。同时,家长亦可将自家的体育资源带入校园,与孩子共同享受。通过这种方式,可以进一步增强家庭与学校之间的合作,共同为孩子的全面发展提供支持。

在"校社"与"家校"双联动的教学模式下,努力挖掘体育课程中的多元思政元素,探索课堂教学的新模式。通过这两种方式,不仅注重学生知识的积累,更重视学生行动的培养,力求在知识传授与实践行动之间实现和谐统一。在体育活动中逐步培养学生正确理解体育精神,使他们在体育活动中不仅学会技能,更懂得尊重、公平竞争和团队合作的重要性。通过"校社"与"家校"双联动,学校与社会、家庭形成合力,共同为学生的全面发展提供支持,确保学生在体育课程中获得的知识和技能能够转化为日常生活中积极的行为习惯。

三、体育师资的优化

(一)提升课程思政意识

在体育课程思政建设的过程中,体育教师作为教育的直接实施者,扮演着至关重要的角色。为了有效落实教育部关于课程思政的相关政策,教师们必须深刻认识到课程思政的重要性、未来的发展趋势以及具体的实施路径。

（1）体育教师需要明确自己在课程思政建设中的角色定位和职责所在。体育教师应当深入理解专业能力提升与课程思政建设之间的内在联系，从而形成一种从内心深处到外在行为的课程思政意识和实践执行力。这种内在的自觉是体育教师对课程思政建设与教师职业素养之间关系的理解、反复确认和反思所形成的自我认知和内在调控。

（2）体育教师应树立正确的认知，并致力于掌握扎实的体育课程思政知识，成为具备思政实践能力的引导者。体育教师对体育课程思政的理解深度和建设逻辑，决定了他们提炼、挖掘和融入思政知识的能力，直接影响课程改革的教学效果和学生的全面发展，从而决定了体育课程思政建设的方向和成效。

（3）体育教师在课程思政教学中应"落地落实"，成为课程思政的积极参与者和贡献者。体育教师应以立德树人为根本任务，打破传统的"为教学而教学"的教育模式。以学生的思想特点和内在需求为出发点，精准把握课堂供给内容和教学方法，增强学生的学习体验，并有针对性地实施体育课程思政建设工作。通过这种方式，体育教师能够更好地引导学生在体育活动中培养正确的价值观和道德观，从而实现体育课程思政建设的最终目标。

（二）创建课程思政环境

为了满足时代发展的需求，确保体育课程思政在实践教学中的有效性，各级学校必须积极构建适应当代大中小学生身心发展的体育课实践教学环境。通过优化学校体育课程思政的环境，不仅能显著提升体育教师对课程思政的深入理解和认识，还能激发他们在开展课程思政教学活动时的主动性和积极性。

（1）建立学校体育课程思政建设的管理体系，激发各部门参与课程改革的动力。学校管理层需重视课程思政理念，分析学校体育课程思政的现状，识别差距，并制订教学行为转变的计划，解决体育课程思政建设中的问题，构建学校体育"以体育人"的新生态。

（2）教务管理部门需明确课程思政建设的工作要求，推动体育课程思政的立体化支撑。积极组织校内外的体育课程思政培训活动，邀请基层教师和名师分享课程思政教学经验，鼓励体育教师参与课程思政建设，确保从全方位、多角度扎实稳定地推进课程思政建设。

（3）围绕课程思政建设工作，学校应制定体育课程思政教学素材库，推动体育课程思政资源的网络化、数字化。依据现有教材的内容板块布局及其实践操作特点，融合体育课程思政的最新研究成果，打造一系列兼具通识与专业特色、品质卓越、成效显著且分布均衡的优秀教材体系。鼓励体育教师深入挖掘体育学中蕴含的思政教育元素,创新地将思政教育与体育专业知识教育紧密结合。

（4）注重体育课程思政教师队伍梯队建设。通过培养和引进具有高水平思想政治素质和专业能力的教师,形成一支结构合理、梯次分明的教师队伍。这样的队伍不仅能够有效地传授体育知识和技能,还能在教学过程中渗透思想政治教育,培养学生的综合素质。通过加强教师队伍的梯队建设,可以确保体育课程思政工作的持续发展和质量提升,为学生的全面发展奠定坚实的基础。

（三）构建课程思政共同体

共同体并非由外部强加的活动规则或自发生成,而是在成员参与活动的过程中通过主动创建而形成的,以达成共同愿景的共识。在体育教学中,共同体扮演着多样的角色,既可能是引导者,也可能是参与者,持续地影响着教师的决策,并为教师提供资源或支持。为了加强共同体间的共识,必须摒弃传统的单向沟通模式,转向更为互动的机制。

（1）教师的专业成长应与学生的全面发展紧密相连。教师的专业能力提升应超越个人主义的界限,共同体理论为教师的专业成长开辟了新的视野。引入教师课程思政实践共同体的概念,可以将教师个人层面的课程思政理论学习扩展到师生共同参与的广阔领域。这不仅将主动参与视为课程思政建设的核心要素,还有助于在本校教师群体中推广共同体理念,强调实践、参与和合作的重要性。

（2）建立本校教师课程思政教学实践分享活动,以实现资源的互利共享。通过共同体的联合活动,各科教师能够深入交流学习,共同探讨课程思政教学中的问题与经验。从教师学习共同体的视角出发,以解决实际教学问题为目标,发挥分享、合作和创新的精神,推动教师间的对话协商机制,建立促进教师课程思政能力发展的学习生态系统。

（3）打破传统的师生主客对立关系,将学生视为具有主观能动性的个体进行交流。在体育课程活动中,体育教师可以利用运动技能对学生进行思政教育的熏陶。这本质上是师生间的互动实践过程,通过对话与交往实现对学生个体的思政教育。教师在传授思想政治教育资源时,应注意融入的时机,选择恰当的语言沟通方式,并善于运用能引起学生共鸣的实例或话语进行表达。通过合作式、案例式以及体验式等教学方法,激发教学氛围,以隐性教育的方式进行思想引导和价值塑造,实现潜移默化的影响。

（四）完善课程思政机制

课程思政已经成为各级教育机构培养人才的共识，并被视为实现立德树人目标的关键策略。科学而有效地推进课程思政建设，与课程教材的改革、教学方法的创新、教职工专业能力的培养与发展以及教师课堂教学评价等核心教育活动紧密相连。

（1）完善教师思政能力的评价体系至关重要，以确保体育教师在课程思政能力培养方面取得实效。教师在课程思政能力上的专业成长是一个自我驱动的过程，而激发教师主动发展的根本动力来自激励机制和评价体系。因此，必须加速推进教师专业能力评估的新模式，建立专业能力与思政能力相结合的协同评价体系，从而激励体育教师发展成为具有特色的课程思政教师。

（2）强化体育教师的课程思政意识，加强教师在课程思政建设方面的管理、引领和协调工作。通过实施"课程思政"体育教学改革与实践活动，帮助学生更好地学习和理解课程内容，从而全面提升学生的思想道德素质、人文情怀和专业精神。学校应有组织有秩序地共同开展课程思政教学培训、调研和讨论，以推动教师整体思政素养的提升，并切实有效地增强体育教师在课程思政方面的专业知识水平和实际应用能力，积极解决教师在胜任、善任、乐教、善教等方面的不足。

（3）制定体育教师课程思政教学指南，确保教学有明确的方向。学校的体育教研室应组织教师开展课程思政教学行动研究，将思政元素融入体育课程的教学方案，以保障课程思政教学的质量，使教师在构建课程思政内容时拥有积极的教学动力。

（4）在现有规范的基础上建立并完善课程思政教学的激励机制。设立不同级别的教学进步奖、教案设计奖和教学成果奖等表彰活动，通过加大奖惩力度，更有效地促进教师积极参与课程思政建设，主动探索体育教学中全新的育人模式。

总之，学校体育课程思政的深化与发展，犹如教育改革浪潮中一颗璀璨的明珠，照亮了培养全面发展人才的新路径。它超越了传统体育课程的范畴，不仅是体育技能的传授与体魄的锤炼，更是德育、智育、体育、美育深度融合的生动实践，为学生综合素养的提升搭建了广阔舞台。在这一进程中，教育理念的持续更新成为引领方向的关键。体育课程将愈发重视学生的主体地位，鼓励他们在体育活动中勇于自我探索，强化团队协作，从而在汗水中磨砺出坚韧不拔的意志品质和积极向上的精神风貌。这一变化表明体育课程不再仅仅是技术和体能的比拼，更是心灵的洗礼，实现了体育与思政教育的无缝对接。教育方式的推陈出新，则为体育课程思政注入了新的活力。现代信息技术如虚拟现实、大数据分析等的应用，让学习体验变得更加沉浸式与个性化。学生在趣味横生的体育活动中自然而然地接受思政教育，实现了知识传授与价值引领的双重目标。同时，个性化教学方案的实施，确保每位学生都能在适合自己的节奏中发光发热，展现了体育课程的无限可能。而教育资源的整合利用，则是推动学校体育课程思政高质量发展的强大动力。将校内外优质资源深度融合，邀请体育明星、体育精英进校园，组织学生参与社会体育活动，这些举措不仅拓宽了学生的视野，更在实践中深化了他们对社会主义核心价值观的理解与认同，为他们的成长之路铺设了坚实的基石。

面对充满挑战与机遇的新时代，学校体育课程思政的每一步前行都意义非凡。它是对"立德树人"根本任务的深刻践行，是培养社会主义建设者和接班人的重要途径。作为体育教育工作者和研究者，应以更加饱满的热情、更加坚定的信念，持续引领教育理念的创新，推动教育方式的变革，充分整合各类教育资源，共同推动学校体育课程思政向更高水平、更深层次不断迈进。

参 考 文 献

[1] 陈侠.课程论[M].北京：人民教育出版社,1989：12-13.

[2] 施良方.课程理论：课程的基础、原理与问题[M].北京：教育科学出版社,1996：3-7.

[3] 陈万柏,张耀灿.思想政治教育学原理[M].3版.北京：高等教育出版社,2015：4.

[4] 习近平.在全国高校思想政治工作会议上的讲话[N].人民日报,2016-12-09(1).

[5] 习近平.习近平谈治国理政：第二卷[M].北京：外文出版社,2017：376-378.

[6] 高德毅,宗爱东.课程思政：有效发挥课堂育人主渠道作用的必然选择[J].思想理论教育导刊,2017(1)：31-34.

[7] 邱伟光.课程思政的价值意蕴与生成路径[J].思想理论教育,2017(7)：10-14.

[8] 张焕庭.西方资产阶级教育论著选[M].北京：人民教育出版社,1964：257.

[9] 郑金洲.教育的意蕴：庆祝瞿葆奎教授八十五寿辰暨从教六十周年[M].福州：福建教育出版社,2008：123.

[10] 马克思恩格斯选集：第3卷[M].北京：人民出版社,1995：106-107.

[11] 马克思恩格斯全集：第四十七卷[M].中共中央马克思恩格斯列宁斯大林著作编译局,译.北京：人民出版社,1979：110.

[12] 涂艳国.教育的历史发展新论[J].教育研究与实验,2007(5)：4-8.

[13] 罗明东.人类社会教育发展三形态论[J].云南师范大学学报(哲学社会科学版),2005,37(1)：1-8.

[14] (清)阮元校刻.阮刻春秋左传注疏[M].影印本.杭州：浙江大学出版社,2015：240.

[15] 李其维."认知革命"与"第二代认知科学"刍议[J].心理学报,2008,40(12)：1306-1327.

[16] 梅洛-庞蒂.知觉现象学[M].姜志辉,译.北京：商务印书馆,2001：261.

[17] 瓦雷拉,汤普森,罗施.具身心智：认知科学和人类经验[M].李恒威,李恒熙,王球,等译.杭州：浙江大学出版社,2010：173.

[18] Thelen E, Schöner G, Scheier C, et al. The Dynamics of Embodiment: A Field Theory of Infant Perseverative Reaching[J]. Behavioral and Brain Sciences, 2001, 24(1): 1-86.

[19] 叶浩生.具身认知：心理学的新取向[J].心理科学进展,2010,18(5)：705-710.

[20] 金生鈜.规训与教化[M].北京：教育科学出版社，2004：27.

[21] 冯建军.当代道德教育的人学论域[M].福州：福建教育出版社，2015：28.

[22] 毛振明,李婧祎,袁圣敏.论体育课教学中的"立德树人"：兼谈在体育课堂教学中如何培养学生的勇敢精神[J].体育教学，2015,35(10)：10-12.

[23] 马德浩.具身德育：学校体育落实"立德树人"根本任务的一个理论视角[J].体育学刊，2020,27(4)：1-6.

[24] 佛罗斯特.西方教育的历史和哲学基础[M].吴元训,等译.北京：华夏出版社，1987：328.

[25] 戴钢书.德育环境研究[M].北京：人民出版社，2002.

[26] 高鹏飞.具身道德：学校体育何以"立德树人"的困境与治理[J].体育与科学，2020,41(2)：80-86.

[27] 刘立."适应体育"教育理论视角下高校公共体育教学探究[J].黑龙江高教研究，2021,39(2)：157-160.

[28] 王会亭.从"离身"到"具身"：课堂有效教学的"身体"转向[J].课程教材教法，2015,35(12)：57-63.

[29] 李储涛.身体：道德教育的逻辑起点[J].当代教育科学，2012(12)：47-49.

[30] 叶浩生.身体与学习：具身认知及其对传统教育观的挑战[J].教育研究，2015,36(4)：104-114.

[31] 阎书昌.身体洁净与道德[J].心理科学进展，2011,19(8)：1242-1248.

[32] 沈楠.具身道德的教育路径[J].江苏高教，2019(7)：62-68.

[33] 孟万金.具身德育：背景、内涵、创新：一论新时代具身德育[J].中国特殊教育，2017(11)：69-73.

[34] 刘济良.生命教育论[M].北京：中国社会科学出版社，2004：8-9.

[35] 程红艳.教育的起点是人的生命[J].教育理论与实践，2002,22(8)：17-20.

[36] 王晓虹.生命教育论纲[M].北京：知识产权出版社，2009.

[37] 华特士.生命教育：与孩子一同迎向人生挑战[M].林莺,译.成都：四川大学出版社，2006：16.

[38] Miller R. What Are Schools for?：Holistic Education in American Culture[M]. Brandon, VT：Holistic Education Press，1997.

[39] 杨治良.简明心理学辞典[M].上海：上海辞书出版社，2007：117.